U0002763

創新高
投資法

一天10分鐘，學會億級大戶選股、
進場、出場的不敗法則

DUKE。著

張嘉芬　譯

忙しい人でも1日10分から始められる

**3年で3人の
「シン億り人」を誕生さ
せたガチ投資術**

前言

　　我從 2003 年開始投資股票，當年我還是個上班族，用自己的一套股價低基期成長股投資法。所幸在大盤行情的大力助攻下，進場投資兩年，就獲利超過 2,000 萬日圓，是不折不扣的「新手好運」。後來歷經活力門事件 [1] 和雷曼風暴，讓我把先前在股市的獲利全都吐了回去。

　　尤其是在雷曼風暴期間，行情在真正落底之前，一再上演暴跌、反彈的戲碼，使得投資者只能紛紛退場。不過，**我則是因為在每次出現虧損時就趁機減碼，才得以在股海中保住一命**。這件事讓我學到了一個很寶貴的教訓。

　　後來，**我有緣接觸到知名成長股投資大師威廉・歐尼爾（William J. O'Neil）的投資方法**。在此之前，我是用以基本面分析為主軸的投資手法，之後才又加入了技術分析的元素，進化成由「技術基本面分析」所構成的投資手法。

---

[1]　2006 年 1 月，東京地檢署以涉嫌在財報造假、違反證交法為由，搜索當時在東證創業板 MOTHERS 上市的活力門（livedoor）公司總部，以及董事長堀江貴文的住家。堀江貴文當時是媒體寵兒，常有不畏傳統世俗的大膽言行，加上當時股市行情大好，吸引許多投資人購買活力門股票。事件爆發後，活力門概念股暴跌，拖累日股全面重挫，甚至還因為大量賣單湧入，使得東京證券交易所臨時宣布所有個股暫停交易。

　　這一套投資方法，**可提早發現哪些個股在股價創新高（向上突破）後仍處於上漲格局，並聚焦企業出現巨大轉變（big change）的時機，爭取更多獲利。我稱它為「創新高投資法」，**簡單易懂。

　　此後我仍持續嘗試錯誤，到了 2014 年時，我在股市的累積獲利已突破 1 億日圓大關，成功躋身億級大戶的行列——我花了約莫十年，才走到這一步。

　　那一刻，我的感觸是：**要是我有一個可以好好學習如何投資股票的園地，和一群股友同好，應該就能更快創造出這樣的投資績效了吧？**

　　自己一個人在嘗試錯誤的過程中，逐步建立起獨到的投資方法——這樣做固然也有它的意義，但實在曠日廢時。我從個人的實際經驗當中，得出的見解是：自成一派的投資操作，在時間和成長方面都有極限。

　　於是我在 2019 年 7 月，開設了一個能讓大家學習「創新高投資法」的投資學院，到 2022 年已進入第四個年頭。如果從迄今仍在上課的第一屆學員，一路算到第四屆的新進學員，那麼學院目前已經有好幾百位學員，彼此持續切磋砥礪。

　　如果有這麼多股友同好，都懷抱「靠股票成為億級大戶」這個相同的目標，日復一日地努力，就會醞釀出一股巨大的威力。股友們平常會交換資訊、彼此陳述自己的分析，或主動召

開讀書會，互相切磋砥礪，以激勵自己的研究動機，追求成長。再者，這些學員的背景五花八門，是來自各行各業的專家。他們營造出了一個樂於分享的環境，毫不吝惜地分享自己在本業當中所獲得的知識。在投資經驗方面也是一樣，學員當中有投資菜鳥、初學者，也有堪稱億級大戶的投資高手，故能匯集更多的見解與智慧，形成所謂的集體智慧（collective intelligence）──**因為在眾人的知識、經驗與熱情交融之下，凝聚出了一股巨大的力量。**

　　結果，開辦的這三年來，學院就培養出了三位億級大戶。我花十年才得到的投資績效，學員們只花三年就達成了。說起來實在是有點老王賣瓜，但這樣的成績，讓我再次切身地感受到本學院學習環境出類拔萃、無與倫比。

　　為了讓更多人認識「創新高投資法」，並把它當作改變人生的選項之一，我以往曾出版《創新高投資術》（東洋經濟新報社）和《創新高成長股投資法》（合著，Pan Rolling），兩本都是在開辦投資學院前推出的作品。

　　在本書當中，**除了會介紹在三年內投資獲利破億的學員，闡述他們的投資經驗之外，也會拿出比以往更進化的「創新高投資法」，說明它的基本概念。**

　　首先，在第一章當中，我要介紹兩位在 2019 年加入學院的學員（第一屆），以及 2020 年來到學院的一位學員（第二屆），

分享他們獲利破億的故事。

接著在第二章當中，我會說明創新高投資法為什麼特別容易獲利，並解釋箇中原因。

此外，要提高投資勝率，就要了解行情與股價的循環。因此在第三章當中，我就要針對這個議題進行解說。

到了第四章，我要正式開始介紹選股方法。我們要檢視「株探」（kabutan）等網站（免費），找到創新高的個股，再從線型中看出報酬（高點）比風險（低點）更具優勢的股票。

在第四章挑選出成長可期的個股之後，在第五章當中，我們要再檢視這些個股的業績和新聞，確認它們有無巨大轉變。當企業有新商品、新服務、研發出新技術或併購等巨大轉變時，股價就會變得很容易大漲。

在創新高投資法當中，我們會把資金分成五份，買進五檔不同的個股，以便避險。而在第六章當中，我會說明投資股票時最重要的事──風險管理的方法。

到了第七章，我會介紹一套計算目標股價的方法，可幫助各位判斷股價還有多少上漲空間。

我這一套投資方法的特色，在於「時間效率極佳」。它不是要各位投資那些不知何時才會起漲的個股，再花好幾年時間苦守寒窯；而是要帶各位適時鎖定那些會從突破點開始急漲的個股。我們投資行為究竟是對是錯，會在較短時間內見真章。

如此一來，**「執行 ⇒ 檢討 ⇒ 改善 ⇒ 執行」這個投資者的成長循環，就能快速地運轉。**再者，**即使您是工作忙碌的上班族，最低一天只要花十分鐘，就能執行這一套投資方法**──至於實際需投入的時間長短，則視您的獲利目標高低而定。

每天依自己的節奏，一步步地向前邁進也無妨。有效率、腳踏實地，並持之以恆地操作，才能提升您的投資實力。反覆執行，踏實地累積經驗值，正是成功獲利的關鍵。期盼能透過本書，助您踏出邁向「新科億級大戶」的第一步。

目次

第 3 章
致勝股海的基本知識——
了解行情與股價的循環

第 **7** 章
實務四
用業績預估和目標股價來找出賣股時機

第 **1** 章

•••••••••••••••••••••••••

我花十年才「破億」，
徒弟三年就達標的
投資手法

花三年時間，讓 40 萬日圓本金翻漲百倍的個股聯想法

御多福女士（暱稱・女性）

■基本資料

御多福女士自 2018 年起，以 40 萬日圓的本金投入股市。2019 年加入投資學院後，40 萬日圓竟翻漲百倍。後來她又加碼投資，並於加入投資學院三年後，風光躋身億級大戶。她平常從事醫療方面的工作，是一位業餘投資人，也是兩個孩子的媽媽。

發現存錢並不會讓資產增加，便決定挑戰投資股票

　　我從 2018 年 9 月開始投資股票，當初投入股市的契機，是因為我發現銀行的存款利率趨近於零，無法增加資產。以前我曾為了準備孩子的教育基金，而存了一筆定期儲蓄存款，但金額毫無成長，於是便打算趁著「即使投資失敗，年齡上還有機會挽回」的時候，挑戰投資股票。

　　不過，因為我完全是個股市菜鳥，所以一開始，我是先從圖書館借閱投資理財方面的書籍，一本一本地邊讀邊學。而其中讓我最有共鳴的，就是「DUKE。[2]」老師的《一勝四敗也能穩賺的創新高投資術》（東洋經濟新報社）。

　　在這本書當中，**對資金管理、風險管理的解說也非常詳盡，還介紹了投資用的資金該如何分配**。這些內容在其他理財書籍當中很罕見，**令人耳目一新**。

　　後來，我得知 DUKE 老師開設的「創新高投資學院」正在招生，便毫不猶豫地報了名，並且開始認真地執行創新高投資法。

　　我的生活信條，是「活著就是賺到，要全力活在當下」。

2　作者名稱為「DUKE。」，但為避免名稱中的「。」造成閱讀上的混淆，以下皆改以「DUKE」呈現。

在 2011 年 3 月 11 日發生的東日本大地震當中，有些親朋故舊
成了受災戶，甚至還有人不幸罹難，讓我深感應該珍惜現在、
活在當下。

檢視既往的十倍股，對選股很有幫助

在投資學院裡，我們處理了許多課題，**其中又以「檢視過去股價曾飆漲十倍的個股」最有幫助**。這項作業，就是要在觀察線圖的同時，查詢股價起漲之際究竟發生了什麼事（個股列表請參閱圖 50，P170）。

我在學員專用網站上看到這項作業時，也曾心想「真的要做這件事嗎？」實際執行過後，我覺得非常有幫助。學院給了我們一份個股列表，我把這些個股的線圖都列印出來，並將股價變動轉折點上發生的重要大事，全都寫在圖上。究竟投資人會因為什麼樣的事件而買股？此時成交量會出現什麼樣的變化？這個動作，讓我把諸如此類的關聯掌握得一清二楚。

還有一項作業，是要從既往的十倍股當中，找出共同的模式。投入這個作業後，我發現很多十倍股都是高股東權益報酬率（Return On Equity，簡稱 ROE）、高資產報酬率（Return on Assets，簡稱 ROA）的個股。此外，它們還有一個共通點，就是握有某些執照，屬於進入障礙偏高的商業模式。還有，股價從第二階段（請參閱 P100）開始就一路飆漲的個股，外資持股

比例會從 5% 左右上升到約 10%。《公司四季報[3]》上會列出外資持股占比；大股東持股狀況則可於「株探」網站確認。

因為冰淇淋便宜得令人咋舌，才注意到的「神戶物產」

開始投資股票之後，神戶物產（3038）、日本郵船（9101）和古洛布萊（GLOBERIDE，7990）等，都是讓我成功獲利的指標個股。

第一個為我帶來豐碩投資績效的，是經營「業務超市」[4]的神戶物產。因為當初我到家裡附近的門市去採購時，看到孩子們愛吃的冰淇淋，售價讓我大感詫異，直呼「有夠便宜！」

我最早是在 2018 年 12 月底（圖 1 的 A）時，買進了這家公司的股票。當時我開始接觸投資才不過半年，還不知道創新高投資法，但觀察門市裡的變化，讓我感受到了它的發展潛力。

以停車場裡停放的車輛為例，以往停在「業務超市」的車，多半是小貨車或車體凹陷的老爺車，後來凌志（LEXUS）等高級房車越來越多，店裡也越來越常看到貴婦風的女士大量採購。

3　相當於台灣的《四季報》或《股市總覽》。
4　銷售大分量營業用食材的連鎖超市品牌，顧客以餐飲商家為主，一般民眾也可入內消費。

　　我心想這樣是否會推升業務超市的客單價，便上網站查看了一下，才知道原來神戶物產的特色，是「低價操作」、「企業併購」（M&A）和「加盟」。

　　然而，這些都是我以往沒聽過的詞彙。所以我自己查資料，有不懂的地方，就詢問神戶物產公司的投資人關係部門等，加深我對公司業務的理解。

　　後來，我學了創新高投資法，開始會去檢視月營收、門市家數的變化，也懂得趁採買時確認商品庫存的去化狀況，和來客人數多寡等。

　　有時我還會找店員攀談，確認商品的銷售狀況。每到旺季，商品的陳列就會顯得比較雜亂，顯見店裡生意已經好得連整理貨架的空檔都沒有。

　　結果，後來我又加碼買進神戶物產的股票兩次。第一次是因為 2019 年 9 月 12 日有 2019 年 10 月期的第三季[5]財報發表，業績暢旺帶動股價上漲而加碼（B）。一方面其實也是因為從那一年的 10 月起，消費稅率將調漲為 10%，我看好這家因價格實惠而大受歡迎的業務超市，屆時將更受各界關注。

　　第二次加碼則是在 2020 年 1 月（C），因為它在 2019 年 12 月 13 日時，公布了 2019 年 10 月期[6]的年度財報，我確定它

5　統計期間為 2018 年 11 月 1 日至 2019 年 7 月 31 日。
6　統計期間為 2018 年 11 月 1 日至 2019 年 10 月 31 日。

圖1 從客群變化中感受到企業發展潛力的個股

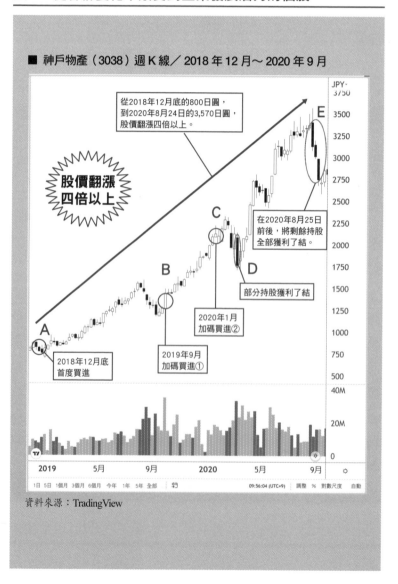

■ 神戶物產（3038）週K線／2018年12月～2020年9月

從2018年12月底的800日圓，到2020年8月24日的3,570日圓，股價翻漲四倍以上。

股價翻漲四倍以上

在2020年8月25日前後，將剩餘持股全部獲利了結。

部分持股獲利了結

2020年1月加碼買進②

2019年9月加碼買進①

2018年12月底首度買進

資料來源：TradingView

的業績仍持續暢旺，且股價已呈現上漲格局。況且當時市場上的珍珠熱潮，讓業務超市的冷凍珍珠售罄消息頻傳，也成了推升股價的一項利多因素。附帶一提，當時神戶物產發布的投資人關係消息當中，曾提及包括珍珠在內的冷凍甜點，銷售表現相當亮眼。

　　後來在 2020 年 3 月時，股市受到武漢肺炎疫情衝擊，大盤全面下挫，神戶物產的股價也難以倖免。但我認為它的成長趨勢不變，便決定先賣出部分持股，獲利了結（D），剩下的再續抱。到了 4 月上旬時，神戶物產的股價已恢復到疫情股災前的水準，就連之後的漲勢，我也順利地跟上。

　　最後我出清所有神戶物產的持股，獲利了結的時間，是在 2020 年 8 月。**在創新高投資法當中認為，當股價來到第三階段，股價隨著成交量增加而下跌時，就該先做出清持股的判斷——我就是根據這個教誨，處分了持股（E）。**

　　投資神戶物產的經驗，對於分析其他零售業個股也很有幫助。以經營連鎖藥妝店的玄氣（Genky DrugStores，9267）這一檔個股為例，作為神戶物產的競爭對手，我認為它的商品價位和神戶物產相近，業績和股價變化值得參考，便將它列入了監控個股清單。

📈 「日本郵船」對我的資產累積最有貢獻

而對我的資產累積最有貢獻的，其實是日本郵船（9101）。我開始關注這一家公司的機緣，是因為在創新高投資學院的討論區當中，有人留言說「因為受到武漢肺炎疫情的影響，用來載運貨物的貨櫃出現短缺，導致某一家製造商的產品遲遲無法運進日本」。

剛好在同一個時期，我聽一位在美國的朋友抱怨說：「我訂購的商品一直都還沒送到」。起初我還以為是倉儲的需求升溫，仔細查詢過後，發現貨櫃船的運價持續飆升，心想海運業可能會受利多加持，趁勢而起，便開始關注海運類股。

看過日本郵船的線圖後，我發現它的股價長期處於低檔且持平（圖2的A）。於是我秉持「若想在『幾乎沒人想賣時』買進，那麼股價創新高之際就是一大良機」的觀念，耐心等待。

在2020年11月公布的第二季財報當中，日本郵船的獲利表現成長，所以我在看過今年度的業績展望（Guidance）之後，便評估買進，在近期高點價位附近下了條件單。

如果在下次公布第三季財報時，日本郵船的業績表現不理想，那麼股價就不會創新高，我的條件單也不會成立，故可降低風險。

後來第三季財報揭曉，結果是經常利潤較去年同期成長88%，表現亮眼，股價走揚，我也得以成功買進（B）。**後來它**

圖 2　對資產累積最有貢獻的個股案例

■ 日本郵船（9101）日 K 線／ 2021 年 1 月～2021 年 10 月

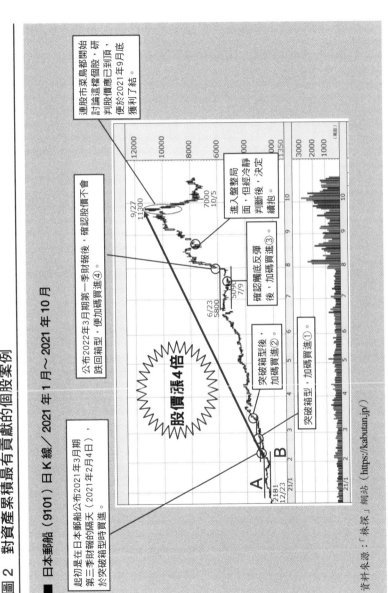

資料來源：「株探」網站（https://kabutan.jp/）

的股價還突破箱型區間，形成了另一個新的箱型。而我在股價突破第二個箱型時，又再加碼買進。

我白天要工作，無法看盤，所以加碼買進也都用條件單。它不會讓我勉強買進多餘部位，徒增投資風險，是很有效的下單方法。

在投資日本郵船之前，其實我曾買過另一檔海運股——內外特浪速運輸（NAIGAI TRANS LINE，9384）。這家公司的股東優惠，是提供贈品目錄讓股東自選，可以領到米、調味料禮盒等。

內外特浪速運輸有專為投資人開設的網站，內容相當充實，我會搭配日本郵船官方網站上的散裝船市況來查看。

運用尼可拉斯・達華斯的教誨，度過盤整期

在我四度加碼買進日本郵船的股票之後，它的股價就進入了盤整局面。2021 年 8 月下旬，下跌了約 10%。這時，我想起了以前曾在買賣 IR Japan HD（6035）時，有過非常懊悔的經驗，便決定要謹慎地看清股價動向。當年我在投資 IR Japan HD 時，因為股價短暫盤整（下跌）便決定出場，以致於錯過了在那之後的一波飆漲。

尼可拉斯・達華斯（Nicolas Darvas）曾是一位很活躍的舞

者。在《我如何在股市賺到200萬美元》（*How I Made $2,000,000 in the Stock Market*），他提到「舞者在高高跳起前，會把身體蜷縮起來，準備跳躍。股票也是一樣」。而在 IR Japan HD 這一檔股票上，就發生了達華斯所說的情況。我為了不要再重蹈覆轍，在投資日本郵船時，便很謹慎地辨別股價波動狀況——我查看月 K 線之後，發現它的股價已逼近 2008 年時的高點，研判應該還會再漲一波，決定續抱。當時我的未實現獲利已相當可觀，心態上比較有恃無恐，而這也成了我能冷靜做出判斷的原因之一。

再者，**在創新高投資法當中，認為股價可劃分成四個階段，而第三階段是天花板區**（請參閱 P100）。

於是我根據這個理論，隨時留意日本郵船的股價處於哪一個階段。此外，為避免獲利在股價走勢由漲轉跌時溜走，我也透過停損限價的方式下單，隨時準備獲利了結。只要股價漲，我也會跟著調高條件單的設定條件。

後來，股價一如預期地又掀起一波漲勢，9 月 27 日時，已經站上了 1 萬 1,300 日圓。到了這個時候，在推特等社群平台上，就連看似股市菜鳥的人都談起了海運股的話題。

此時，我想起了「樂隊花車效應」（Bandwagon effect）。所謂的「樂隊花車」，指的是走在遊行隊伍最前面的樂隊車。在遊行活動當中，隊伍會跟在樂隊花車後面前進。於是有人從這個光景中得到靈感，將「眾人都採取相同的行動」稱為「樂隊

花車效應」。

在股市當中，也會有些在社群網站上引發討論的個股，因為多了許多買單，而使股價突然飆升的案例。然而，這種漲勢並不會天長地久。那些順著樂隊花車效應進場買股的人，買的就是最後一手。我心想漲勢應該差不多即將告一段落，便出清持股，獲利了結。

「古洛布萊」搭上了疫情期間 戶外活動熱潮

第三檔個股是古洛布萊（7990）。我平常開車上下班，通勤路線上有三家釣具店。每次經過時，這些店家的停車場總是一位難求，到了週末更是人山人海。

有一次，投資學院的讀書會辦了實體聚會。就在我們彼此腦力激盪，思考下一波會流行的事物時，「釣魚和高爾夫球」引發了討論。於是我查了一下高爾夫球概念股，才發現高爾夫球用品和釣具，古洛布萊都有銷售。

當時正值疫情期間，「戶外活動概念股」備受矚目。不過，由於自行車概念股的愛三希（ASAHI，3333）已經在 2020 年時飆漲過一波，我心想「自行車概念股應該沒機會了吧」，所以才聚焦在高爾夫球和釣具上。

我在 2020 年夏季時，曾經少量買賣過古洛布萊。當時雖

有約莫 50% 的獲利，但後來因為股價走跌，我也就賣出持股，沒再留意。直到這時，我才又對它感興趣，心想：「它應該還有機會再創新高吧？」

此外，我在向古洛布萊的投資人關係部門洽詢時，雖然對方沒有明說，卻給了我一種「將來應該會辦理股票分割吧」的感覺，這也成了促使我買進的因素之一。我實際開始買進的時間，是在 2021 年的 6 月底，**鎖定了一個 K 線正好出現杯狀帶柄型態（Cup with Handle）（請參閱 P129），股價創新高的時機（圖 3 的 A）**。

後來，到了公布財報前夕，股價稍微拉回，並出現洗盤的情況。但因為我還有些未實現利益，才能平安撐住，沒有被甩下車。

在 8 月 6 日公布的 2022 年 3 月期[7] 第一季財報當中，除了營收、獲利皆大幅成長之外，古洛布萊還上修了上半年和全年的業績，並宣布將辦理股票分割，股價一飛沖天。**於是我提早用條件單，掛在股價創新高時買進，等於是在這時加碼（B）**。

不過，它在 8 月下旬時，股價跌破箱型底部，於是我用條件單賣出部分持股，先獲利了結（C）。

可是，後來它的股價又反彈，所以我又再加碼買進（D）。

7　日本的「╳ 月期」的年度財報，是以結算至「╳ 月」最後一日的前十二個月為一年，以下皆同。

圖3　看準「疫情期間戶外活動熱潮」的案例

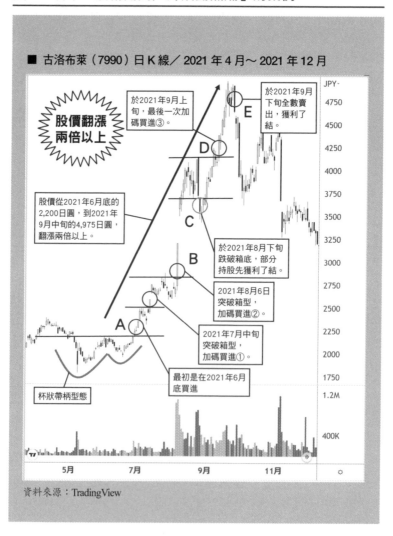

■ 古洛布萊（7990）日K線／2021年4月～2021年12月

股價翻漲
兩倍以上

於2021年9月上旬，最後一次加碼買進③。

於2021年9月下旬全數賣出，獲利了結。

股價從2021年6月底的2,200日圓，到2021年9月中旬的4,975日圓，翻漲兩倍以上。

於2021年8月下旬跌破箱底，部分持股先獲利了結。

2021年8月6日突破箱型，加碼買進②。

2021年7月中旬突破箱型，加碼買進①。

最初是在2021年6月底買進

杯狀帶柄型態

資料來源：TradingView

雖然之後股價節節高升，一如我的預期，但因為我監控的其他個股也有後勢可期的選項，便全數賣出，獲利了結（E），以便調度資金。就結果來看，這次正好是趁高價時脫手持股，非常走運。

充分運用通勤時間學投資

能在這麼短的時間之內，就有如此傲人的績效（圖4），我認為學習創新高投資法，並且每天規律地持之以恆，是一個很重要的因素。

至於我每天規律地持之以恆做的事，就是看投資方面的影片，檢視股價創新高個股、現有持股、監控個股和推特等。

我每天都開車上班，單程就要花將近一小時，有時甚至要耗上一個半小時，等於往返一趟就要兩到三個小時。我心想「這個時間當然只能用來讀書！」便在通勤時間收聽投資方面的影片。

比方說 Youtube 上的「caka channel」，對於了解企業的盛衰榮枯很有幫助，我還會利用午休時間逛逛它的推特。

回到家之後，我會檢視當天股價創新高的個股──只要在「株探」網站的「股價警報」頁面上，選「本日股價創今年以來新高的個股」，就能輕鬆檢視。此外，我還會查看這些個股的線圖，找出它們創新高的原因。如果覺得個股後勢可期，就

把它列入監控個股清單。

至於現有持股的部分，則是除了線圖之外，還會一併確認它們的公開資訊。

📈 假日就繪製自創線圖，並加以分析

每逢假日，我會針對那些股價波動較劇烈的個股，列印出它們的線圖，**再把我在意的事件、發現，例如股價為何上漲等，全都寫上去，繪製自創的線圖集**。我會把這些圖貼在一本大小方便攜帶的筆記本上，隨身攜帶，空檔時間就拿出來翻閱。我還會觀察當中特別令人在意的波動，把心得寫在這些線圖上。

在監控個股的部分，我會用行業或商業模式來將它們分類，確認業績等資訊，再把重點整理在筆記本上。這時我會以「季」為單位，除了檢視財報的變化之外，還會記錄個股企業的關鍵績效指標（Key Performance Indicators，簡稱 KPI）、網站成交金額（Gross Merchandise Volume，簡稱 GMV）、顧客終生價值（Customer Lifetime Value，簡稱 LTV）、未完成訂單（Unfilled Orders）等資訊，拿來與個股的競爭者做比較。

GMV 指的是消費者在電商網站（EC）等網路平台購買商品所貢獻的營收總額；LTV 則是會計算出一位顧客從開始進行特定交易到結束的這段期間（顧客的生命週期），究竟能為企

業貢獻多少利潤──個股會因為隸屬於不同業種或業界，而適用不同的觀察指標，我把它們用來當作推測企業業績優劣的量尺。還有，我也會在上市公司每年四次公布財報的時候，檢視上修財測或意外報喜的個股。遇有特別感興趣的個股，就用手抄的方式，把個股的業績抄下來，確認它的變化。

雖然也有人教我用 Excel 管理的方法，但我工作的地方訊號不太好，所以我還是習慣寫在紙上，隨身攜帶，遇有感興趣的地方，就動手查一下。

我建議股市菜鳥可以先從零售或服務業開始試試看。有門市的零售業，都可輕鬆走進店裡，詢問暢銷商品或來店人潮等資訊。多累積這些資訊，可在預測個股業績時派上用場；況且很多上市公司都會逐月統計，有了這些資料，做起財報預測就會變得更簡單。建議各位不妨從消費者比較容易理解的零售業開始起步，試著挑戰分析選股吧！

圖4　御多福女士資產破億的進程

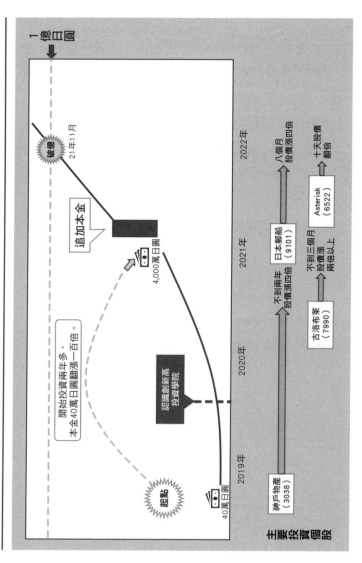

以「四十歲要賺到 5 億」為目標的高報酬投資法

田中義人先生（化名·男性）

■基本資料

田中義人先生是內科醫師，在醫院服務之餘投資股票，是一位三十多歲的業餘投資人。2017 年時，他因為覺得自己工作這麼忙碌，薪資卻不是太高，對此深感疑惑，於是便開始進場投資。起初他隨手買了一些在推特上引發話題討論的個股，以及雜誌上介紹的個股，結果 1,500 萬的投資本金，三兩下就虧掉了約 30%。後來他在 2019 年認識了創新高投資學院，目前投資資產已達 2 億日圓，目標希望在四十歲前達到 5 億日圓。

📈 為了改變人生而開始投資股票

從 2017 年開始投資股票迄今，已經過了五年多。投資的目的，是因為我想改變人生。我是內科醫師，在醫院服務。當年工作真的很忙，一年之中完全休假的天數，光用一隻手的手指就數得完。不過，薪水卻沒有高得令人詫異。幾個同梯同事總是互相抱怨這樣的工作環境。

這段時期適逢日經指數大漲，我聽說「投資股票好像穩賺不賠喔」，便開始投入股市。

可是，我身旁並沒有熟悉股票投資的朋友。雖然沒有可以商量投資的朋友，但我聽說研究投資要有推特，便開設了一個帳號。自此之後，我才知道有好多人都在發投資方面的推文。

然而，當時推特上談的話題，多半是短線炒作的個股，所以我買到的都是所謂「名嘴老師」推文喊買的個股，還曾失血慘賠；我也曾因為雜誌報導個股消息，就乖乖聽信買進，最後落得套牢的下場。再加上大盤行情差，才入股市一年，**我的本金就縮水了將近 30%**。

📈 「SanBio」體驗買進瞬間就暴跌

SanBio（4592）是至今仍讓我印象深刻的一次失敗。這家公司當時在開發一種新藥，能改善腦中風患者受損的運動功

能，是一檔名氣響亮、股友無人不知的個股。2018 年年底，市場行情非常低迷，但這家公司的股價卻逆勢狂飆。我心想「這種時候還會漲，應該後市可期吧」，便於 2019 年 1 月進場投資。

然而，就在我買進的當下，SanBio 竟然開始狂洩——因為這家公司的投資人關係部門宣布「新藥試驗未看出顯著效果」，股價一瀉千里。當時我投資了 100 股，每股買進價格是 1 萬 2,000 日圓，後來一口氣重挫到 2,400 日圓，也就是 120 萬瞬間縮水成 24 萬的狀態。**這時我才切身感受到：原來股價因為一則重大訊息而崩跌，是這麼可怕的事**（圖 5）。

另一個投資失敗的經驗，則是買了經營個人倉庫等不動產分租事業的 Arealink（8914）。2018 年夏天，我以每股 3,200 日圓買進。當時是因為看了雜誌報導而得知這家公司，還看了公司的財報說明會等影片，發現總經理是個熱情敢衝的人，公司業績也很好。

然而，到了這一年的秋天，由於駿河銀行（Suruga Bank）和房屋租賃管理公司 TATERU 接連爆發房地產貸款方面的醜聞，拖累房地產類股全面下挫。不過，由於 Arealink 和這些醜聞無關，所以我認為股價遲早會反彈，便續抱持股。

可是，這個決定竟招來了惡果。年底時，日本股市發生了聖誕股災，Arealink 瞬間崩跌到 1,139 圓，只剩原來的三分之一，陷入想賣也賣不掉的狀態。**這時我才深刻地感受到停損的重要**。

圖5 「買進後股價立刻跌掉五分之四」的案例

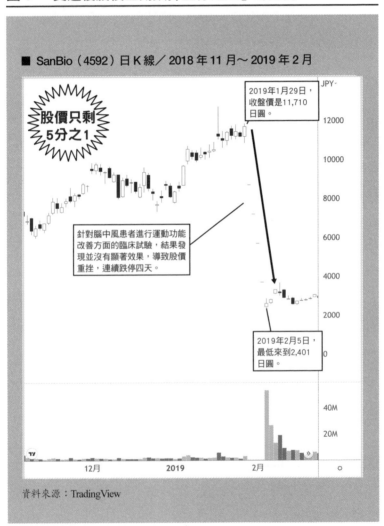

■ SanBio（4592）日K線／2018年11月～2019年2月

股價只剩
5分之1

2019年1月29日，
收盤價是11,710
日圓。

針對腦中風患者進行運動功能
改善方面的臨床試驗，結果發
現並沒有顯著效果，導致股價
重挫，連續跌停四天。

2019年2月5日，
最低來到2,401
日圓。

資料來源：TradingView

　　事到如今再去賣這檔個股，也拿不回多少錢，所以我直到現在都還抱著，好用來警惕自己——只要一打開證券帳戶，就會出現一檔慘賠 70% 的未實現損失，所以我現在已經很確實地學會停損了。

📈 能看線圖判斷買賣與否，是一大優點

　　在經歷過這些洗禮之後，2019 年，投資生涯中最大的轉機終於到來——我認識了創新高投資法。這一套投資方法，**可以看線圖判斷買賣與否，對於像我這種不擅長做基本分析的股友，是一大優點。**

　　再加上它是**採順勢操作（Trend Following）的投資手法，可於有限的期間內多次反覆地嘗試錯誤**，所以我認為**很適合股市菜鳥**。

　　順勢投資的基本心法，就是要長期持有持續上漲的強勢股，讓獲利極大化；至於股價跌跌不休的弱勢股，則要盡早認賠停損。就結果來看，順勢投資能讓我們及早發現自己的失敗，並且反覆地學習。

　　反之，逆勢投資則是在股價下跌時，認為「股價即將反彈」，並進場買股的投資方法。換言之，就是認為當股價下跌時，正是評估加碼買進該檔股票的良機。這樣操作的結果，就是要過很久才會停損。而我認為，對股市菜鳥來說，花很多時

間才察覺自己的判斷出錯，恐怕是一大缺點。

　　此外，**投資要成功獲利，我認為股友同好的存在也很重**要。加入創新高投資學院四年，我結交了很多股友同好，也學到了很多。相較於自己鑽研獨學，在這裡的成長速度簡直是突飛猛進。

📈 直到投資高級吐司「銀座仁志川」才大獲成功

　　接下來，我要介紹學習創新高投資法之後的成功案例。首先是 OSG 公司（OSG Corporation，6757），它本來是一家銷售淨水器等產品的公司，後來因為發展高級吐司「銀座仁志川」的加盟事業而快速成長。

　　起初我是在推特上發現這一檔個股。其實我以往完全沒聽過這家公司，得知它是經營「銀座仁志川」這個連鎖品牌的企業之後，突然變得很感興趣。我本來就很喜歡高級吐司，尤其對「銀座仁志川」更是情有獨鍾，卻沒想到它和 OSG 公司之間的關聯。

　　股友之間似乎也很少有人知道這件事，買它股票的人也還非常稀少，投資人關係部門發布的資訊相當有限，看來應該是乏人問津的個股。

　　「銀座仁志川」就只賣一種麵包，門市面積也很有限，想

圖 6　從生活周遭挖掘寶藏個股

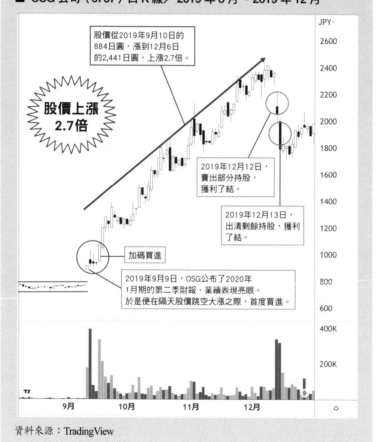

■ OSG 公司（6757）日 K 線／ 2019 年 8 月～ 2019 年 12 月

股價從2019年9月10日的884日圓，漲到12月6日的2,441日圓，上漲2.7倍。

股價上漲 2.7倍

2019年12月12日，賣出部分持股，獲利了結。

2019年12月13日，出清剩餘持股，獲利了結。

加碼買進

2019年9月9日，OSG公布了2020年1月期的第二季財報，業績表現亮眼。於是便在隔天股價跳空大漲之際，首度買進。

資料來源：TradingView

必食物浪費也很少。此外，由於當時正值高級吐司熱潮方興未艾，於是我心想「這應該會賺錢吧？」便在 2019 年 9 月，OSG 公司公布財報，股價跳空大漲之際買進（圖 6）。此後，我就不時會到東京市區的門市巡視，看看商品銷售狀況如何，和顧客是否大排長龍。同時，我也在股價創新高之際加碼買進，並持續關注它的動向。後來到了 11 月，在創新高投資學院的讀書會上，有人發表了對這檔個股的看法，DUKE 老師也做了一些解說，我因而相信自己的觀點沒錯，也讓我有了自信。

不過，OSG 公司在本業的水相關事業方面，由於缺乏公開資訊，難以評估發展狀況，是一大風險。這一點 DUKE 老師也曾提醒我們留意，但我個人認為它的風險報酬（請參閱 P85）表現並不差，便決定不先獲利了結，靜待財報出爐。

結果我踩到了地雷。最後我是在股價跳空下跌後，才賣出持股。不過由於我搶在巨大轉變萌現徵兆時就持續加碼買進，所以它成了我運用順勢投資手法，並且大獲成功的第一個投資經驗。

業績因疫情而成長的「CareNet」

第二個案例是經營醫療網站的 CareNet（2150）（圖 7）。我本身是醫師，所以過去就曾使用過這家公司的服務。2020 年 5 月 13 日，CareNet 公布了 2020 年 12 月期的第一季財報，我才

知道他們的業績呈現大幅成長。

在武漢肺炎疫情爆發前，藥廠想找醫師推銷，都是面對面談。然而，受到疫情的影響，業務推廣全都改成了線上，CareNet 深蒙其利——我個人對這一點也有很切身的感受。於是在看過財報之後，我便開始買進。

後來我又在股價創新高之際加碼買進。到了 8 月，檢視過第二季的財報之後，我發現 CareNet 的業績又再成長，便持續買進。看到第二季財報時，我認為它第三季的業績還會成長。不過，CareNet 的業績預估向來較為保守，所以我決定要抱股等第三季財報公布，但不會續抱到隔年 2 月的年度財報出爐。

在第二季到第三季的這段期間，受到安倍晉三前首相請辭，以及美國總統大選等因素影響，大盤市況不太穩定，股價也劇烈震盪。CareNet 的股價在兩天內，從 4,140 日圓跌到 3,200 日圓，跌掉了 22%，持續呈現波動率（volatility）偏高的狀態。但因為我已下定決心，要「抱股等第三季財報出爐」，便繼續持有這檔股票。

結果，第三季財報一如我的預期，表現相當亮眼，股價應聲上漲。於是我便在股價 5,000 到 6,000 日圓之間分批賣出，最終是以接近平均買進單價五倍的價格，獲利出場。

圖 7　從本業中找到靈感的個股

■ CareNet 公司（2150）日 K 線／ 2020 年 4 月～ 12 月

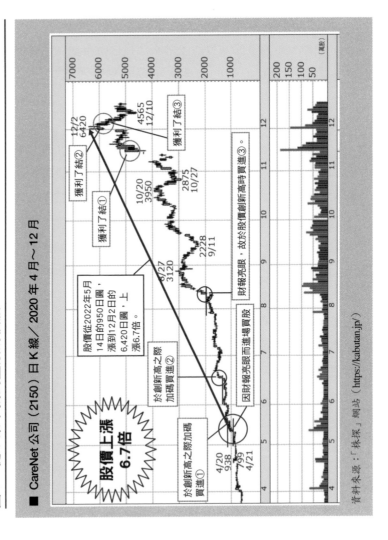

資料來源：「株探」網站（https://kabutan.jp/）

預期公司將大幅上調財報數字而買進的「富爾瑪」

第三個案例是富爾瑪（Pharma Foods，2929）這一檔個股（圖8）。這家公司所推出的 Newmo 生髮劑，在市場上轟動熱銷。當時它預計在 2020 年 9 月，公布 2021 年 7 月期的全年業績預估，我認為預估數字應該會非常樂觀，便於財報公布前就進場買股。

結果，富爾瑪一如我的預期，發布了一份相當樂觀的業績預估。確認了這一點，我在財報出爐後又繼續買進。接著到了 2021 年 7 月期的第一季財報出爐前（2020 年 11 月），富爾瑪的成交量突然大增——這是因為當時富爾瑪宣布大幅上調業績預估，營收年增率將達 2.6 倍，獲利年增率則可望達到 2.9 倍。

既然富爾瑪宣布上調業績預估的程度，比我的預期還要更樂觀，可見經營團隊應該是相當有信心，於是我便選在這個時候，把逾半數的資產都投入富爾瑪。然而，在 12 月公布第一季財報之後，股價竟開始走跌。最終我是在 2,000 日圓前後的波段低點賣出。

回顧這一檔個股的交易過程，我認為先「看到正式財報再買」，後來「懂得在看到大幅上調財測後大舉加碼買進」，都是很高明的操作。當時我認為上調財測是很有影響力的數字，預期富爾瑪應該還會再上調，股價則會漲到 5,000 日圓左右。

圖 8　因大幅上調財測而加碼買進的個股

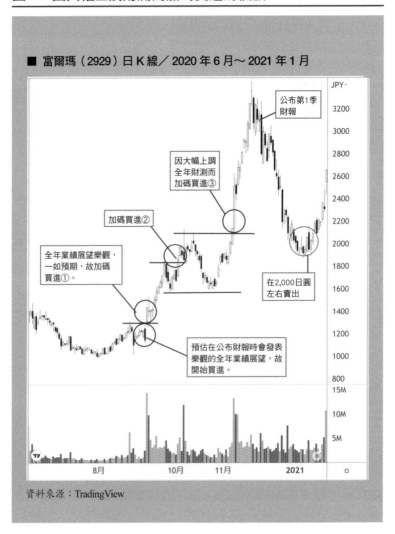

■ 富爾瑪（2929）日 K 線／2020 年 6 月～2021 年 1 月

公布第1季
財報

因大幅上調
全年財測而
加碼買進③

加碼買進②

全年業績展望樂觀，
一如預期，故加碼
買進①。

在2,000日圓
左右賣出

預估在公布財報時會發表
樂觀的全年業績展望，故
開始買進。

資料來源：TradingView

　　然而，第一季財報數字後來並未如我預期的強勢。市場參與者恐怕也和我抱持同樣想法，才導致股價下跌。此時我明知財報已無望再大幅上調，卻不願下修自己計算出來的目標股價——這是我該檢討的地方。

　　這一檔股票占了我當時總資產的約莫半數，資產部位與獲利的期待值不成比例。當時其實應該降低持股部位才對。

🏔 IPO 首日就買進的「Premier Anti-Aging」

　　第四個案例則是 Premier Anti-Aging（4934）這檔個股（圖9），我在它首次公開發行（IPO）的第一天就買進。我平常會針對容易出現十倍股的三大行業——資通訊、服務、零售，檢視所有的 IPO 案件。儘管我總想著有機會要買，但其實這些個股的掛牌首日開盤價位（開盤價）都很高，絕大部分都買不下手。

　　Premier Anti-Aging 是生產、銷售「麗優」（DUO）、「珂娜希」（CANADEL）等品牌保養品的企業。當初我看過他們上市前的說明資料後，就認為這是一家很有成長潛力的公司，產品在美妝討論區也很受好評。於是我心想：要是掛牌後的開盤價在 8,000 日圓左右的話，就下單買進。

　　結果它掛牌首日的開盤價是 5,670 日圓。這麼一檔成長潛力極高的個股，掛牌之初的本益比（PER）卻只和同業差不多，

圖9 「DUO」卸妝膏轟動熱賣，股價飆漲

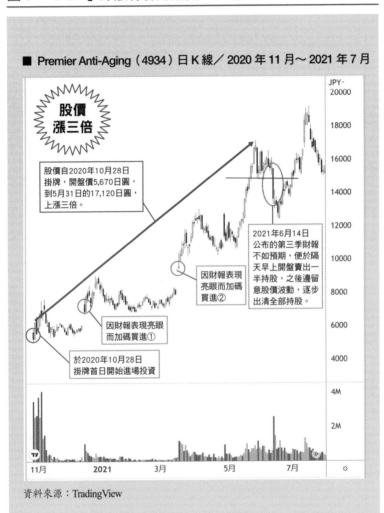

■ Premier Anti-Aging（4934）日K線／2020年11月～2021年7月

股價漲三倍

股價自2020年10月28日掛牌，開盤價5,670日圓，到5月31日的17,120日圓，上漲三倍。

因財報表現亮眼而加碼買進②

2021年6月14日公布的第三季財報不如預期，便於隔天早上開盤賣出一半持股，之後邊留意股價波動，逐步出清全部持股。

因財報表現亮眼而加碼買進①

於2020年10月28日掛牌首日開始進場投資

資料來源：TradingView

股價相較於其他同業更是非常便宜。我心想這是個大好機會，便進場投資。

買進之後，我就經常查看美妝網站，還會逛逛藥妝店，看看 Premier Anti-Aging 公司的商品陳列在哪裡、銷售狀況如何。

後來我觀察 Premier Anti-Aging 在 2020 年 12 月公布的 2021 年 7 月期第一季財報，以及 2021 年 3 月公布的第二季財報，確認業績表現暢旺，便分別在跳空大漲後加碼買進。

不過，從 Premier Anti-Aging 在日本保養品市場所占的營收規模來看，當時已爭取到一定程度以上的市占率，我認為日後很難維持高成長，所以就決定採取和投資 CareNet 時相同的策略——「抱股等第三季財報公布，但不會續抱到年度財報出爐」。

這檔個股也是因為我屢次加碼買進，到頭來總計投入近八成的資產。然而，它在 2021 年 6 月公布的第三季財報，內容並不如我的預期。這次我運用了在富爾瑪學到的教訓，研判投資部位與期待值不符，便於財報公布隔天的開盤時，賣出了半數持股。後來股價一路走跌，於是我就在當天賣出所有持股，結束這一波投資操作。

應明確訂定目標金額與達成時期

投資股票迄今，我深感除了基本面、技術面之外，心理面

和資金管理也非常重要。不過，要學習投資方面的資金管理，機會實在相當有限。舉例來說，市面上已有很多談基本面或技術面的書籍出版，卻幾乎不曾看過詳細探討資金管理的著作。就連對財報的分析評論，都有人會在推特或部落格上講解。

　　至於**資金管理的部分，就真的是幾乎沒有機會學習了**。有時會看到某些投資人在推特等平台上大方公開自己的持股，我總認為應該積極追蹤這些帳號，當作是學習資金管理的機會。

　　我覺得如果投資的目標，就只是想著要「多賺一點錢」，未免太過抽象。最好明確訂定出績效目標，也就是明訂金額目標與預計達成時期，再用計算複利的應用程式等工具，以年化報酬率試算出要有多少獲利才能達到目標。

　　要是覺得 1 億日圓太遙不可及，那就先以 3,000 萬、甚至是 1,000 萬為目標也無妨。複利的力量遠比我們想像得更巨大，或許不必追求太高的投報率，也能達成我們的目標。既然如此，那就毋需背負不必要的風險了。與其一味追求投資績效極大化，更重要的是要懂得先考量自己能承受的風險等級，再評估要追求多少報酬。

　　我目前還是三十世代的前段班，我的目標，是要在四十歲之前，讓自己的資產達到 5 億日圓——會設定這個目標，是因為我認為只要有 5 億，應該就足以改變人生了吧（圖 10）。

　　要累積 5 億資產，需要很高的投資報酬，因此我除了一般投資，還操作槓桿。不過，**我的槓桿操作絕不超過兩倍。此**

外，我還設下條件，限定必須是潛在獲利相當可觀的個股，才能使用槓桿。

操作槓桿的可怕之處，在於萬一出問題時，可能會發生「想賣卻賣不掉」的情況。我雖然還沒有過這樣的經驗，但我聽說當年發生 311 地震之後，股票真的是賣不出去，所以我認為，除非潛在獲利高到連這種情況都能承受得了，否則就不應該使用槓桿。

還有，我認為在操作槓桿時，「迅速停損」是一條保命繩。要是用操作現股的觀念來玩槓桿，恐將釀成慘劇。

💹 交易過程比結果重要

在檢討投資交易時，**應該把過程看得比結果更重要**。比方說一檔已有未實現利益的個股，因為我們在股價下跌時，獲利了結的動作太慢，導致未實現損益由盈轉虧。這時應該有很多人會認為「要是我早點獲利了結就好了」。

及早賣出的確能留住獲利，但這只不過是結果論，**真正該思考的，是「有沒有遵守自己的交易規則」**。若已確實遵守，那麼即使最後的結果是沒有獲利，我們做出的仍是正確決定。如果本來就沒有設定「及早賣出」的規則，那麼就算我們再怎麼反省「要是早點賣就好了」，這個教訓也不會在下次的交易派上用場——因為它是一個毫無意義的反省。反之，就長遠來

看，如果連個人交易規則都沒有，只是憑感覺出清持股的操作方式，恐怕才是問題。

停損也是一樣。假如我們早就設定以「未實現損失達 10% 就停損」作為個人交易規則，卻在下跌逾 10% 仍繼續持有，後來偶然碰上股價反彈，未實現損失歸零的話，想必各位一定會認為「幸好沒停損」吧？可是，我覺得這樣的一波投資進出，真的是一點意義都沒有。

我向來是以持有五到十檔個股為基本原則，不過由於現在的投資資金較多，所以有時會短暫地持有逾十檔個股。

每天的例行公事，就是查看推特和確認監控個股

仔細查看推特上的消息，是我現在每天的例行公事。我覺得即使是到現在，推特上還是有很多有用的資訊。此外，我還會在週末時，瀏覽一些公開個人持股狀況和投資績效的投資人部落格。

到了財報季，我會挑選出業績大好的個股，製成一份清單，檢視股價的波動狀況——因為我想搶在股價創新高前的時機進場。目前我的這份清單上，隨時都維持一百五十到兩百檔的個股。

我認為遵守自己訂立的交易規則，是很重要的事。

圖 10　田中先生資產破億的進程

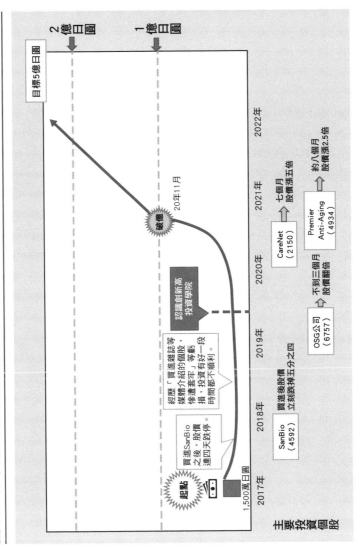

腳踏實地的不斷努力，才是資產破億的捷徑

約翰先生（暱稱・男性）

■基本資料

約翰先生曾於大型銀行、外商顧問公司等企業任職，目前亦於大企業服務，是一位股齡逾二十年的業餘投資人。他只操作現股，一路買進，長期投資。當大型權值股的股價偏低時，他就會逆勢買進，之後便不再緊盯股價。除了執行「昏厥投資法[8]」之外，也鎖定股東優惠豐富、配息多的個股，力行「提前布局[9]」等投資操作，多檔個股都已持有超過二十年。2020 年認識創新高投資學院後，也會使用創新高投資法。資產於 2021 年突破 1 億日圓。

---

8 昏厥投資法（気絶投資法）是在市場行情低迷時進場買股，之後就像昏厥一樣忘掉這些股票，等經過一、兩年再檢視股價，並考慮後續的投資策略，是一種類似「災難投資法」的概念。

9 「提前布局投資」（先回り投資）是鎖定配息多、股東優惠豐富的個股，趁除息後股價偏低時買進，等到下一次除息前，再決定要賣出賺價差，還是續抱領股利。這樣就可以不必天天盯盤，情緒也不易受漲跌牽動。

用「仔細研讀日經新聞」揭開一天的序幕

我每天的生活，都是從「早上五點起床，手沖一杯咖啡，再仔細研讀日經新聞」揭開序幕。接著，我會把包括漲跌比率（Advance Decline Ratio，簡稱 ADR）在內的主要股市指標抄在筆記本上，留作紀錄。處理完這些事，轉眼來到五點四十五分，電視上就會開始播出東京電視台的《新聞早晨衛星》（News Morning Satellite）。我會看完這個節目，並和家人共進早餐後，才出門上班。

我會把報紙上一些自己特別關注的報導剪下來，依行業或主題分類，做成剪報資料。最近我剪報的主題，包括了重啟經濟、入境旅遊、再生、日圓貶值、物價和利率等方面。

我很注重健康。上了年紀之後，身體就會從腰腿筋骨開始退化，所以我會刻意保留一些健走的時間，維持日行萬步的習慣。目前的工作型態是以居家辦公為主，但為了健康，我都會走路到共享辦公室去。

在上下班途中，除非狂風暴雨，否則我每天都會到神社去參拜，花個三分鐘祈求工作、健康和財富累積順利如願。此外，我現在每天一邊健走，還會一邊聽播客（Podcast）節目《今日股市 明日股市：股票之聲！》，週二和週三還會收聽 NIKKEI 廣播電台的《THE MONEY》節目。

　　開始進行一天的工作之前，我會先確認持股的參考價，接著就全力投入上午的工作，過程中幾乎不會再看股價。到了午休時間，我才會用手機確認早盤的收盤價，之後再全力投入下午的工作。

📈 下班後檢視持有個股和監控清單個股的收盤價

　　結束一整天的工作之後，我會確認持有個股和監控清單個股的收盤價——我挑了大約兩百檔個股，在券商網站的「線圖總覽」上登錄為自選股。

　　我家是雙薪家庭，所以平日晚上和週末我會做家務，也會花時間指導孩子的功課、照顧媽媽等。除了這些之外，我還必須檢視創新高個股，所以我盡可能不喝酒。其實我很愛喝日本酒，但一喝就會想睡覺，因此除了餐敘活動之外，我都會忍住不喝。

　　至於日常的股市資訊蒐集，我會看企業適時公開的資訊，瀏覽《公司四季報》、「株探」、分析師報告（三菱 UFJ 摩根史丹利、瑞穗、SMBC 日興、東海東京）等。

　　電視我只會收看固定的幾個節目。除了前面提過的《新聞

早晨衛星》之外，還會看《寒武紀宮殿 [10]》、《蓋亞的黎明 [11]》、《NHK 特集》、《週一發大財！！[12]》，以及大河連續劇等。

持有金融資產部位（不含房地產）破億之後，最大的改變，就是能以平常心來面對下跌——因為資產規模變大，所以即使獲利稍微縮水一點，也不至於被太嚴重的焦慮籠罩。例如在 2021 年下半年，資產縮水程度就曾一度大於我的年薪，所幸我仍能保持平常心。

📈 下一個目標是要達到資產 2 億日圓

坦白說，現在想累積資產的心情，已經不如過去那麼強烈。我在 2022 年的目標，是要達到資產 2 億日圓，每天早上也都在神社祈求「請讓我持有的金融資產，在 2022 年能達到 2 億日圓」，但內心某處卻覺得「只要不縮水就很好了」。在明確地確認大盤呈現多頭格局前，我一直避免進出股市。在難有獲利的空頭格局下，我手上握有很多銀彈，準備趁容易獲利的多

---

10 東京電視台的談話節目，由名作家村上龍和藝人小池榮子主持，每集邀請財經界的重要人士進行訪談。

11 東京電視台的經濟紀實節目，自 2003 年起播出迄今。節目透過跟拍在經濟活動第一線奮鬥的各界人士，深入報導經濟新聞背後不為人知的另一面。

12 TBS 電視台的財經生活資訊節目。

頭行情時，再將資金投入股市（請參閱圖 13，P66）。

目前行情很差，我覺得與其想著如何累積資產，還不如多創造一些只有現在才能做到的絕佳體驗，活出不留遺憾的人生，即使動用部分資產也無妨——我會萌生這樣的念頭，契機之一就是因為我讀了《別把你的錢留到死》（ *Die with Zero* ）這本書。

此外，我也已經打定主意要從上班族生涯畢業，現在正如火如荼地準備創業，計畫將在 2023 年找個適當的時機，離職創業。

2021 年靠海運股獲利好幾千萬

2021 年我在時間上稍微比較有空，便以海運的大型權值股為核心，用創新高投資法操作了幾波投資。最後在股價大幅下跌的 9 月底時，我已出清手上絕大部分的持股，賺進了好幾千萬日圓的利潤。我以前在金融機構處理過船舶融資的業務，所以明白海運業界的商業模式和營收結構等資訊。此外，因為我每天都很仔細閱讀日本經濟新聞，當中也包括了貨櫃運價等市況欄。在散戶當中，或許我算是有一些較能提早察覺市場變化的優勢。

因此，我有幸看到機會，在海運業者上調全年業績預估，股價創新高之際，算準時機進場。至於這一波的投資績效，雖

圖11　好幾千萬獲利入袋的海運股

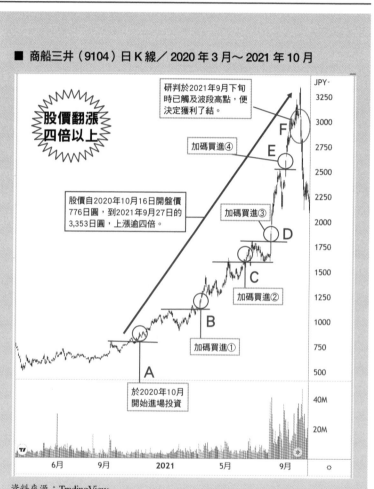

■ 商船三井（9104）日K線／2020年3月～2021年10月

研判於2021年9月下旬時已觸及波段高點，便決定獲利了結。

股價翻漲四倍以上

股價自2020年10月16日開盤價776日圓，到2021年9月27日的3,353日圓，上漲逾四倍。

加碼買進④　E

加碼買進③　D

加碼買進②　C

加碼買進①　B

於2020年10月開始進場投資　A

資料來源：TradingView

然獲利不到十倍，但賺了四到六倍的價差。

實際上我除了商船三井（9104）之外，還在日本郵船（9101）、川崎汽船（9107）等多檔海運股投入了相當程度的資金，而圖 11 呈現的只有買賣商船三井的案例。

我從 2020 年秋天開始買進商船三井的股票（A），只要股價創新高，我就繼續加碼買進（B ～ E）。最終由於股價在 2021 年 9 月下旬(F)前後觸及波段高點，因此我決定獲利了結。

而川崎汽船則因為沒有配發股利，以往股價波動不大，但我預期它遲早會再恢復配息，便進場買股投資，結果竟得到了回饋。

鑽研如何投資股票，就像用功準備升學考試

在創新高投資法當中，會建議投資人將資金分成五份來買股。 因此，我在投資商船三井時，也遵循了這個原則——起初先用五分之一的資金來投石問路，等帳上有了未實現獲利，且股價又創新高時，再加碼買進。

在創新高投資法當中，會建議投資人要把「檢視股價創新高個股」當作每天的例行公事來進行。 能腳踏實地做好這件事的人，會不斷地累積分析經驗，很有可能從中找到買賣良機。

鑽研如何投資股票，某部分其實就像用功準備升學考試一

樣──持之以恆，不斷努力，就能創造豐盛的績效。每天檢視線圖，想一想股價為什麼會出現波動，倘若原因是由於業績變化，那就想一想為什麼業績會出現變化……像這樣自己問自己「為什麼」，養成找出原因的習慣，應該就能學會可複製的績效表現。

有些人只看線圖和供需，靠著一次押對寶賺大錢。這種操作無法複製，甚至有不少人會在下一波交易就把獲利吐回去。想創造可複製的績效表現，關鍵在於要腳踏實地做正確的努力，並持之以恆。

而會教我們該怎麼做正確努力的，就是創新高投資法。

持續做正確的努力，股市菜鳥 也能算出精準極高的目標股價

在創新高投資法當中，我們在進場投資之前，就要先計算目標股價。它的算式很簡單，只要把數字套進去，就能算出目標股價（請參閱 P192）──先預設每股盈餘（EPS）或營業利益，再乘上本益比或 EV/EBIT 倍數，就會機械式地出現一個目標股價。

問題是，我們究竟該如何預估未來的 EPS、營業利益和 EV/EBIT 倍數？要是這些數值缺乏妥適性，就會大幅拉低目標股價的準確度。換句話說，目標股價的計算很容易，但計算過程至關重要。它需要花時間累積一定程度的經驗才能得心應

手，所以新手恐怕很難深入分析。

　　還有，當我們向企業的投資人關係部門蒐集資訊，計算目標股價時，要懂得確認自己的假設是否正確。實際上，在創新高投資學院當中，也有從零開始起步的家庭主婦，經過不斷努力後，現在已能做出相當高水準的業績預估。因此，只要扎實地做好正確的努力，想必計算目標股價時的精準程度，也會隨之提升。

股市菜鳥也可用中期計劃的數值來計算目標股價

　　計算目標股價還有一種方法，那就是根據企業所公布的中期計劃來計算。 這份計劃當中，會列出企業對未來營收和營業利益等項目所設定的數字。若您覺得很難自行擬訂企業的業績預估，不妨先試著用中期計劃的數字來計算目標股價。

　　如果相中的是沒有公布中期計劃的企業，建議您不妨試著用《公司四季報》上的次年預估數字來計算。此外，您還要懷抱問題意識，擬訂自己的假設，再向投資人關係部門洽詢，驗證假設內容，並加以修正。

　　要請您特別留意的是：不少企業其實都無法達成中期計劃上所訂定的目標。這些數值的設定與達成，其實也反映了經營者的個性——有些經營者認為「達不到自己公布的目標，會讓

整個公司蒙羞」，所以在目標數值的設定上較為保守；另一方面，也有些經營者認為「要設定夠高的目標才有意義」。

對《公司四季報》的業績預估，也要懂得不照單全收，才是關鍵

比方說以汽車業界為例，鈴木汽車（SUZUKI Motor，7269）的計劃就偏保守，日產汽車（Nissan Motor，7201）則往往會提出較樂觀的計劃——市場參與者都明白它們有這樣的差異。

因此，我們對於企業提出的中期計劃，也不該照單全收，要盡可能自己明察暗訪，計算出目標股價。

《公司四季報》上的業績預估也是如此，當中其實不乏失準的預測，所以要懂得退一步冷靜地思考。縱然《公司四季報》上的業績預估，比公司自己的預期表現更好，我們也要設法自行調查，或向投資人關係部門洽詢，以找出箇中原因，並確認這份業績預估實現的機率高低。

在投資股票的世界裡，散戶和法人都一樣是在追求獲利。法人有充裕的資金，故可迅速地掌握優質資訊；而散戶能取得的資訊有限，難免趨於劣勢，如果沒有做好萬全準備就貿然投入股市，資金轉眼之間就會燒光。

參考中小型股基金的成分股，也不失為一個方法

　　創新高投資法主要是以**「投資成長股，賺取高獲利」為基本原則，所以投資標的多為中小型個股。而在投信商品當中，也有一些投資中小型股的基金。**比方說 Rheos Capital Works、鎌倉投信、Asset Management One、三井住友德思資産管理等，都已將中小型股列為基金的成分股。

　　有些總市值已達 2、3 百億日圓的個股，也會被納入投資中小型股的基金之中。因此，**建議您不妨定期檢視基金究竟在買哪些股票。**我以往也會做這種觀察。

　　尤其 Rheos Capital Works 每月都會為投資人舉辦報告會，也就是「Hifumi 學院」的講座活動，分析師會說明基金在哪些個股的權重較高。這項活動目前是線上舉辦，以往辦理實體活動時，我還曾到他們的總公司去參加。

　　講座活動結束後，往往還會舉辦懇談會，分析師也會出席。當年我也很積極參與這項活動。其實只要是投資人，都可以自由參加，但很多人選擇不出席，我覺得很可惜。

　　此外，在爆發武漢肺炎疫情之前，Rheos Capital Works 曾舉辦「Hifumi 社會科校外教學」活動，參訪新列入「Hifumi」

圖12　中小型股基金的成分股很值得參考

■「SBI 中小型超值成長股基金 jrevive」權重前十大個股

	股票代號	股票名稱	行業類別	權重
1	7839	SHOEI	其他產品	3.3%
2	4980	迪睿合（Dexerials）	化學	3.2%
3	2317	Systena	資通訊業	3.1%
4	3676	電心控股（Digital Hearts）	資通訊業	3.1%
5	6465	星崎（Hoshizaki）	機械	3.1%
6	6670	MCJ	電子設備	3.1%
7	7729	東京精密（TOKYO SEIMITSU）	精密儀器	3.0%
8	2695	藏壽司（Kura sushi）	零售業	3.0%
9	7581	薩莉亞（Saizeriya）	零售業	2.8%
10	4290	普萊斯梯基 （PRESTIGE INTERNATIONAL）	服務業	2.7%

資料來源：「SBI 中小型超值成長股基金 jrevive」月報（2022 年 8 月 31 日基準）

基金的企業。他們在 2019 年時，就曾舉辦過 S-Pool[13] 的參訪活動。我也因為對這家企業很感興趣，便查了一下相關資料，覺得它很有潛力，就進場投資，結果股價翻漲了兩、三倍。

不過，「Hifumi 基金」由於集資過多，資產管理規模日漸龐大，所以最近列入成分股的大型股越來越多，甚至還包括國外的個股，導致投資績效下滑。這一點需特別留意。

---

13 經營人事、物流等業務流程委外的公司，也協助企業雇用身心障礙者。

　　其實除了「Hifumi 基金」之外，還有好幾檔投資中小型股的基金。可參考這些基金的成分股，自行調查過後，再找尋合適投資標的，也是一個很有效的方法。比方說 SBI 資產管理公司的「SBI 中小型超值成長股基金 jrevive」等，都很值得參考（圖 12）。

圖13　約翰先生資產破億的進程

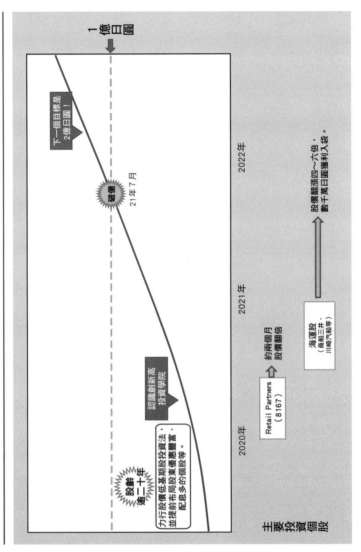

一億日圓

下一個目標是
2億日圓！

破億
21年7月

股齡二十年

力行股價低基期股投資法，
並提前布局股東優惠豐富、
配息多的個股等。

認識創新高
投資學院

2020年　　　　2021年　　　　2022年

主要投資個股

Retail Partners
（8167）

約兩個月
股價翻倍

海運股
（商船三井、
川崎汽船等）

股價翻漲四～六倍，
數千萬日圓獲利入袋。

第 2 章

創新高投資是成為
億級大戶的最短路徑

🔖 落實停損，才是邁向大賺的第一步

創新高投資法的基本策略，是要以①**縮小虧損**、②**放大獲利**、③**創造整體獲利**為目標。

首先，想控管虧損規模，就要落實停損。我認為**帳面至多虧損 10%，就應該進行停損**。

比方說當我們以每股 100 日圓投資 A 公司，股價卻跌到 90 日圓時，就出現 10 日圓（10%）的虧損（未實現損失）。到了這個階段，就要立刻停損止血。不動手停損，就像是我們明明受了傷、流著血，卻坐視不管，不趕緊止血一樣，早晚會因為失血過量而喪命。

每股 100 日圓買進的股票會跌到 90 日圓，原因不外乎①**選股錯誤**、②**買進時機不佳**，或是③**股市整體的大環境欠佳**。

不論如何，這代表市場已經告訴我們：你的判斷有錯。因此，我們應該考慮先暫時停損，再伺機進場。

停損不見得一定要在虧損 10% 才出手，請把它想成是「上限 10%」。熟悉投資操作之後，有時我們會發現怎麼才剛買進，就覺得「苗頭不對」。

比方說「日經平均股價明明在上漲，我買的股票卻跌跌不休」時。在這種情況下，即使只賠 5%，也要趕快停損。還有，股價「從整理（箱型）區間跌破支撐線」時，也要停損。因此在這種情況下，最後我們的虧損，也可能會是 3% 或 7%。

📈 有未實現獲利時別急著脫手， 要以獲利極大化為目標

另一方面，在創新高投資法當中，我們至少要追求 20% 的獲利。至於我個人，雖然還是會視個股情況而定，不過通常是以 50% 以上的獲利為目標。當您投資的個股股價上揚，帳上出現未實現利益時，就代表市場在告訴您：您的行動很正確。

遇有這種情況，**請別急忙賣股變現，要盡量放大獲利**。這也是創新高投資法的一大重點。

就算我們買賣四檔個股，其中有三檔都是停損認賠也無妨——因為總虧損會控制在 30% 以內，所以我們只要用剩下這一檔個股賺進 50% 的利潤，整體加總後就會變成 20% 以上的獲利。

適時認賠停損，賣掉那些帶有未實現損失的個股，您的證券帳戶就會只剩下未實現獲利。

這個動作就像是在整理花圃。不割雜草，任它胡亂生長，到頭來會連原本開得嬌豔的花朵都枯萎。萬一買進股票之後發現是雜草，只要馬上割掉，就能留住原有的未實現利益，讓帳戶裡只留下美麗的花朵。

以上是創新高投資法的基本策略。然而，**想落實這些策略，需要用到技術分析和基本分析。這種手法，就是所謂的「技術基本面分析」**。

圖 14　何謂創新高投資法？

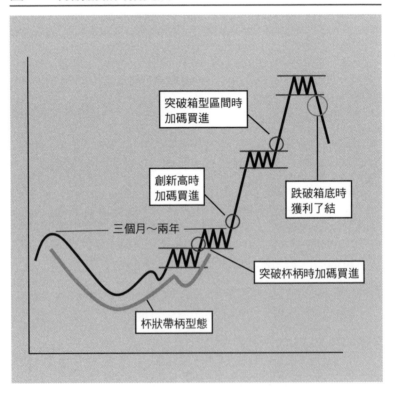

用線圖找出發生巨大轉變的個股

首先，就讓我先來介紹技術分析。

所謂的創新高投資法，一如它的名稱所示，**是在股價漲到改寫歷史新高水位時買進，再向上突破後就賣出，獲利了結**（圖 14）。

買進呈現上漲趨勢的個股，接著只要上漲格局不變，就續抱股票，直到上漲趨勢看來已告一段落之際，就賣出持股，獲利了結──這就是順勢投資法。

這裡所謂的**「新高價」，指的是近一年左右的高點**。如果可以，最好是聚焦在創下股價近兩年新高的個股。不過，如果是「股價創一年來新高」的個股，在「株探」等投資資訊網站就可以免費搜尋得到，而且這個區間設定，已足以爭取相當豐厚的獲利。有時我們也會視情況，將區間設定改為三個月或六個月。

會選擇聚焦創新高的個股，是因為這些企業很可能正在發生某些巨大轉變。通常股價只要接近過去的高點，漲勢就會趨緩──因為以往買在高點的投資人，會覺得「哎唷喂呀，股價總算漲回來了」，便趕緊賣出持股，以致於就結果來看，個股股價多半突破不了以往的高點。

儘管如此，要是個股股價還能創新高，就代表應該有某些原因。可能是提前反映了後續的業績成長效應，例如新商品的

銷售暢旺，或是新業態有望搶下市占率等。創下近兩年新高，會比近一年新高更好；創下近三年新高，會比近兩年新高更好……**創新高的比較對象期間越長，代表發生巨大轉變的可能性越高。**

選擇創新高個股，很容易一買就漲

至於動用技術分析，是為了要提升資金運用效率。

先觀察線圖，挑選在新高價區間突破箱型的個股，就比較有機會因為個股賣壓輕，而在買進當下就輕鬆上漲，是這種操作的一大優點（圖 15）。已實際進場投資股票的人，多半都有「買了之後漲不動」、「一買就跌」的經驗。在正常的行情環境下，只要在合適的突破點買股，陷入這種狀況的機率就會變低。

使用技術分析還有一個好處，就是可以幫助我們辨認出低風險的進場時機。換言之，**技術性的低檔有限，有利的停損點離高點很近。**

當股價創新高之後，突破的新高價往往會成為低檔支撐線（Support line）。

股價一跌到支撐線，就比較容易反彈。即使跌破支撐線，也能運用有利的停損線停損，把虧損控制在 10% 以內，好讓自己能在虧損規模較小的情況下退場。

圖 15　創新高投資法的賣壓輕，股價易上漲

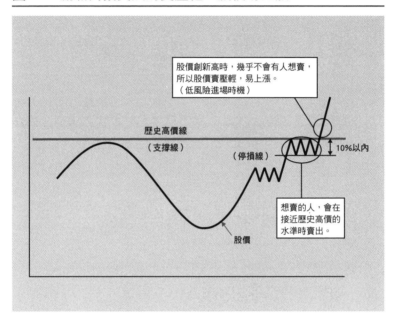

創新高投資法能過濾掉業界失敗組

在日本的股票市場當中，約有三千八百檔個股掛牌。其中，創新高的個股相當有限，少的時候平均一天幾十檔，多的時候則超過五百檔，視當時的行情環境而定。

換言之，若以這三千八百檔個股作為母群體，創新高個股就是當中非常有限的精英。它們的股價正處在近一年內最高檔的位置，所以漲勢仍在持續，可說是日後也有可能節節高升的個股。

其他個股則是處於跌勢，或呈現持平。

讓我們找一些具體的個股來看看。

圖 16 是日本安寧療護控股（Japan Hospice Holdings，7061）的股價走勢，圖 17 則是 AMVIS 控股（7071）的股價變化。這兩檔都是在 2019 年辦理首度公開發行的個股，而圖表則是它們從掛牌上市到 2022 年 10 月，約三年時間的週 K 線。兩相比較之下，哪一檔個股比較值得投資，可說是一目了然——日本安寧療護控股的股價再怎麼上漲，都無法突破箱型格局，持平走勢維持了三年多。

而 AMVIS 從掛牌的 2019 年 10 月起，股價就在兩年兩個月內翻漲六倍。在這段期間當中，日經平均股價指數的漲幅約只有 30%，足見 AMVIS 的漲幅是如何令人望塵莫及。

在東京證券交易所的三十三種產業類股當中，日本安寧療

圖 16　再便宜都不該買的失敗組個股

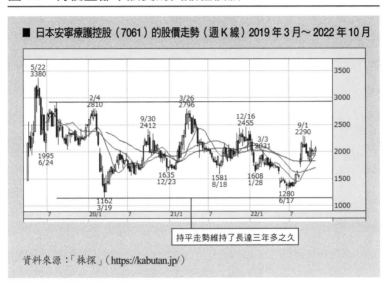

資料來源：「株探」（https://kabutan.jp/）

圖 17　屢次改寫股價新高的勝利組個股

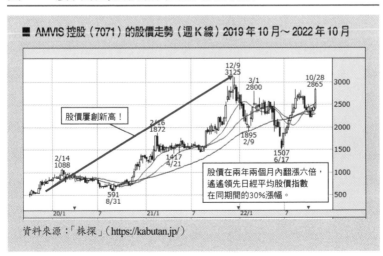

資料來源：「株探」（https://kabutan.jp/）

護和 AMVIS 都被歸類在服務業，兩者也都是經營處理臨終醫療業務的安寧療護事業，彼此是競爭對手。然而，就投資標的而言，日本安寧療護是不折不扣的失敗組，而 AMVIS 則堪稱是令人望塵莫及的勝利組。

📈 迴轉壽司業界的勝利組，是股價翻漲七倍的「藏壽司」

再來看看迴轉壽司業界。迴轉壽司在東證三十三種產業類股當中，被歸類在零售業。圖 18 是藏壽司（2695）、河童創新（KAPPA CREATE，河童壽司／7421）、元氣壽司（9828）、FOOD & LIFE Companies（壽司郎／3563）的股價，和日經平均股價的走勢比較。圖中以 2012 年 11 月的股價為起點，呈現了個股的漲幅。這裡就讓我們來看看從安倍經濟學初期，到中期的 2018 年底為止的股價狀況。

其中漲幅最顯著的，就是藏壽司。它的股價在 2018 年 5 月時觸及高點，當時的漲幅已逾 600%，意味著股價已經翻漲七倍。

在這一波漲勢當中，藏壽司的股價屢創新高。也就是說，投資人有好幾次機會進場投資，是一檔很容易用創新高投資法獲利的個股。

從 2017 年後半到 2018 年後半，元氣壽司的股價也有兩次

圖 18　迴轉壽司業界的股價漲幅（自 2012 年 11 月起算）

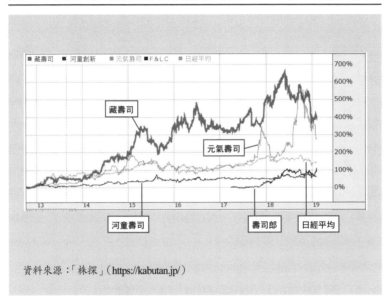

資料來源：「株探」（https://kabutan.jp/）

彈升，所以是可以抓到上漲波動的個股。壽司郎雖曾在 2003
年掛牌，卻在 2009 年下市，直到 2017 年才又再重新掛牌，故
無法以同樣標準來比較。不過，若以重新上市的時間為起點，
到 2018 年年中時的漲幅已達 100%，股價在一年內就翻倍。

　　至於四家企業當中的失敗組，則是河童壽司。到 2018 年
底為止，日經平均股價的漲幅約為 110%，但河童壽司約只有
它的一半，漲幅僅 55%。與其投資河童壽司，還不如投資一些
和日經平均股價連動的 ETF，獲利更豐厚。千萬不能投資像河
童壽司這種失敗組企業。最近，河童壽司和它的前總經理皆因
違反《不當競爭防治法》（不正競爭防止法）而被起訴，這個事
實，也證明了公司的衰弱。

📈 百圓商店的勝利組是「賽利亞」，投報率 100%

　　讓我們再來比較另一個行業 —— 百圓商店的案例（圖
19）。由於大創（DAISO）沒有上市，所以這裡只比較賽利亞
（Seria，2782）、Can Do（2698）、Watts（2735）這三家企業。
就漲幅而言，是賽利亞一枝獨秀。它在 2017 年秋季時，漲幅
已達 1000%，也就是五年內股價翻漲十一倍。至於其他兩家企
業，則是漲幅落後日經平均指數的失敗組。

　　只要定期檢視創新高個股，就會找到像賽利亞這樣的勝利

組。換言之，像 CanDo 和 Watts 這樣的個股，**多半會被創新高個股的篩選排除，所以能降低誤投失敗組的風險。**

投資創新高個股還有一個優點，那就是資金運用效率極佳。 圖 20 是三井松島控股（1518）的股價推移。自 2020 年爆發武漢肺炎疫情，到 2021 年 8 月前後，它的股價一路都持續低迷。

就這個案例來看，即使在 A 附近（850 日圓）認為已經跌得夠深而買進，之後股價卻還是持續下跌。原以為撿到便宜，結果股價卻又再下探，以致於帳上出現未實現損失。到了 10 月，股價已跌到 670 日圓，等於虧損超過 20%。這樣節節敗退的情況持續長達半年，會讓人累積很多沮喪情緒，資金運用效率也會變差。

📈 創新高個股是蓄勢待發的火箭

在創新高投資法當中，我們會選在「B」買進——**因為當個股突破過去半年到一年來的箱型整理，改寫股價新高時，股價很可能就此進入一波漲勢。** 在此之前，股價只要一漲，就會湧現「解套賣單」，導致股價壓回。反覆幾次之後，「賣壓」就會被吸收。接著只要企業發生巨大轉變，股價就會反映對未來業績的期待，改寫新高，進而轉為急拉漲勢。

在三井松島控股的案例當中，由於公司在 B 點時公布了

圖19　百圓商店業界的股價漲幅（自2012年11月起算）

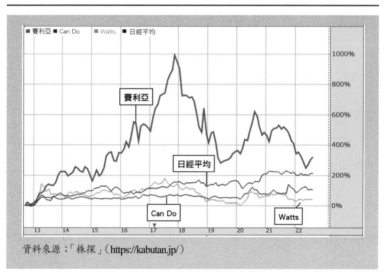

資料來源：「株探」（https://kabutan.jp/）

圖20　股價創新高時，就是進場時機

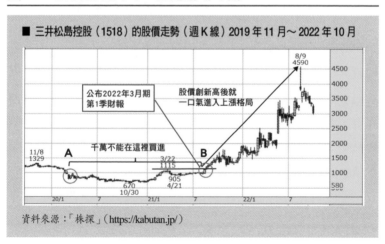

資料來源：「株探」（https://kabutan.jp/）

2022 年 3 月期的第一季（4 ～ 6 月）財報，營業利益是去年同期的兩倍，營業利益率從去年同期的 3.3% 大幅成長到 9.8%。

三井松島控股的案例也反映了一件事：**買創新高個股，是因為它成功幫我們篩選出勝利組個股的機率很高**。股價創新高的個股，很可能在業績方面也已出現逢春的徵兆。比方說零售業者既有門市營收成長 110% 之類的案例，也是同樣的道理。

於是，裝滿「巨大轉機」這種燃料的創新高個股，儼然就像是一艘準備發射的火箭。在股價真正創新高之前，就算股價短暫反彈，往往也會因為「解套賣壓」而被壓回。

因為過去在高價圈買進這檔個股，結果卻因為股價跌深而套牢的投資人，很容易因為「哎唷喂呀，股價總算漲回來了，就在這附近賣掉吧！」的心態而賣股，導致股價上攻承壓。不過，到了股價創新高之際，這些投資人也會被清空，形成容易上漲的環境。

📈 投資股票不必「低買高賣」

投資股票獲利的基本觀念，就是要「低買高賣」。誠如我們在三井松島控股的案例當中所見，自以為抄底買進（A 點），結果往往還會再跌得更深。就算是低價買進，只要之後股價不漲，就沒有意義。巴望著「要反彈了嗎？要反彈了嗎？」一轉眼半年就過去，更慘的甚至還會在低檔盤旋個兩、三年，一點

都不稀奇。

　　要靠投資股票獲利，最大的訣竅就是「在最短時間內，以大幅高於買進價格的股價賣出」。因此，沒有必要買在最低點。在新高價區找個合適的時機，確實買進，就有較高機率可在短時間內以大幅高於買進價格的股價賣出，有效率地獲利。**在投資的世界裡，秉持「時間效率 ＝ 資金運用效率」的觀念，至關重要。**

　　還有一個關鍵，那就是「我們自己對投資標的的想法」並不是太重要，真正重要的，是其他投資人——尤其是大戶（機構投資人）覺得這一檔個股怎麼樣。

　　所謂的機構投資人（俗稱「法人」，以下皆稱法人），指的是那些操作大筆資金的投資人，例如銀行、保險公司、年金基金和投資信託基金等。它們的資金雄厚，有能力撼動股價。只要這些法人一買進，個股股價就會上揚；法人一賣出，個股股價就會下跌。

　　比方說您在看過 A 公司的財報後，覺得「很有發展潛力」。但只要法人不這麼認為，不願買進的話，股價就會持續低迷。所以，**能否搭上法人剛開始買進時的便車，便顯得格外重要。**

從成交量來掌握法人動向，搭上便車，就能大發利市

只要資金雄厚的法人開始買進，個股股價創新高的機率就會提升。而我們**檢視創新高個股，就是為了掌握這個時機**。

經濟學家凱因斯（John Maynard Keynes）曾把投資比喻為「選美大賽」。我們要買的，不是自己心目中的美女個股，而是**有影響力的投資人（法人）應該會認同的美女個股——這才是投資獲利的秘訣**。

法人的動向，可用「成交量」來做一定程度的判斷。只要像圖 21 那樣，把成交量呈現在週 K 線上，就可看出自股價創新高那一刻起，成交量會逐步放大。換言之，這代表市場參與者對個股的關注程度已見升溫。

即使股價創新高，成交量仍不見成長的個股，代表它受市場關注的程度偏低，就算進場投資，也不會有投資人願意以更高的價格買進，而這一波操作以失敗收場的機率就會升高。

我把前面談到的重點，整理成以下兩點：

〈想成為一個有獲利的投資人，就該有這樣的觀念〉

● 投資股票獲利最大的訣竅，不是買在最低點，而是要在最短時間內，以大幅高於買進價格的股價賣出。

圖21　法人的動向，可用「成交量」來做一定程度的判斷

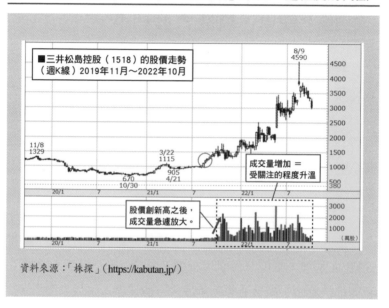

■三井松島控股（1518）的股價走勢
（週K線）2019年11月～2022年10月

成交量增加 ＝
受關注的程度升溫

股價創新高之後，
成交量急遽放大。

資料來源：「株探」（https://kabutan.jp/）

●我們自己對個股的想法，並不是那麼重要。法人願不願意買
　進，才是關鍵。

　　在個股股價創新高之際下單買進，是創新高投資法的基本
原則。不過，若想賺得更豐厚的利潤，就要更進一步篩選個
股。此時「風險報酬」的觀念，便成了一大重點。

　　所謂的風險報酬，就是在一次進出操作當中，風險（risk）
對報酬（reward）的比率。計算公式如下：

■風險報酬率 ＝ 投資成功時的預期報酬率 ÷ 投資失敗時的損失

　　比方說 A 個股的預期報酬率是 50%，設定在虧損 10% 時
停損，那麼進場投資後，它的風險報酬就是 5：1 ＝ 五倍。而
另一檔預期報酬率是 10% 的 B 個股，若設定在虧損 10% 時停
損，那麼進場投資後，它的風險報酬就是一倍。

　　究竟投資哪一檔個股的效率比較好？答案已昭然若揭。在
創新高投資法當中，基本上會盡可能投資預期報酬率較高的個
股，但找出能盡量限縮虧損幅度的停損點，也很重要。

　　一檔預期報酬率 50% 的 A 個股，若能將停損點設在 5%，
那麼它的風險報酬率就會是 50% ÷ 5%，也就是十倍。

　　風險報酬率越高，就代表我們在承擔這些風險後，可賺得
高獲利（reward）的機率就越高，換言之，即使單次投資進出
的勝率偏低，最終總結可獲利的機會仍高。

圖22 投資高風險報酬率的個股，即使勝率偏低，仍可能獲利

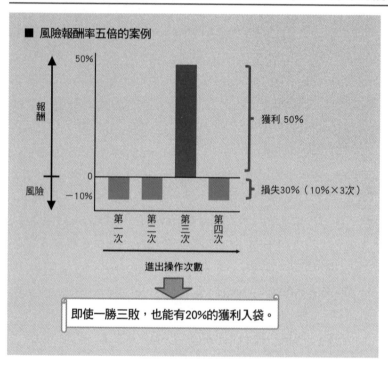

■ 風險報酬率五倍的案例

　　舉一個極端的例子：假如某檔個股操作一次可賺得 50%
的利潤，停損點設在 10%，那麼即使操作績效一勝三敗，整體
獲利還是有 20%（圖 22）。

　　因此，**在預期報酬率較高的個股上，找到可設定較小虧損
幅度的停損點（低風險買點）再買進，才是有利的操作。**

第 3 章

致勝股海的基本知識 —— 了解行情與股價的循環

📈 看準兩個時機，爭取高獲利

想必您已經大致了解創新高投資法的優點，所以自本章起，我就要來介紹執行方法。想用創新高投資法來爭取高獲利，關鍵在於要懂得看準兩個時機。

〈爭取高獲利的兩個時機〉
- 股市整體的行情循環
- 個股的股價循環

當股市整體行情低迷時，再怎麼強勢的個股，股價也會承受下跌壓力；當股票市場整體都在上漲時，個股股價比較容易有強勢表現。而要掌握股市整體的趨勢，就需要先了解行情的循環。

股票市場主要有四種局面：①金融行情、②業績行情、③反金融行情、④反業績行情。四種局面會不斷重複（請參閱圖23，P95）。

📈 對成長股有利的「金融行情」

金融行情是與不景氣重疊的行情，是一種「企業業績低迷，社會黯淡消沉」的狀態。各國中央銀行會實施金融寬鬆政

策，以刺激經濟，促進景氣復甦。

　　具體而言，各國央行會做的，是調降基準利率。如果光是調降基準利率，還看不到足夠的效果時，央行就會買入公債，打造市場資金過剩的狀態，挽救市場景氣，也就是所謂的量化寬鬆。

　　央行只要一祭出降息和量化寬鬆，企業就比較容易以低利率向銀行融資，用來投資機器設備等，做一些為日後成長鋪路的投資，經濟也會因此而活絡。與此同時，市場上過剩的資金就會大舉流入股票、不動產和虛擬貨幣等風險性資產，**使得整個股市在金融行情下呈現易漲的狀態**，也就是**出現所謂的「無基之彈」（股市在不景氣下大漲）**。

　　近期在 2020 年爆發武漢肺炎疫情危機時，由於人口移動受限，經濟活動更深受重創，企業業績跳水大減。於是美國聯邦準備理事會（Fed，簡稱聯準會）便迅速出手調降利率，還實施了量化寬鬆。美國政府也祭出了緊急經濟對策，把資金釋放到民間，使得市場上呈現資金源源不絕的狀態。

　　在金融行情下，股市整體會呈現上漲格局，尤其是**成長股──也就是將來有望大幅成長的高本益比個股，較容易強勢表態**。例如在武漢肺炎疫情危機過後，軟體即服務（Software as a Service，簡稱 SaaS）型商業模式的相關類股被炒得很熱，買單大量湧入。這種現在營收三級跳，未來成長幅度很有想像空間，但當前尚未獲利的的企業──即所謂的題材股，股價特別容易大漲，是金融行情的一大特徵。

買單湧入業績報喜個股的「業績行情」

緊接在金融行情之後的，就是這裡要介紹的「業績行情」。當央行和政府的經濟措施開始發揮效果時，原本虧損的企業就會轉虧為盈，或是營收、獲利三級跳。企業業績改善，股價隨之上漲——這就是業績行情。

當企業業績回溫，央行就會開始考慮縮減金融寬鬆政策的力道，也就是進入所謂的縮減購債（tapering）階段。到了這個階段，**股市行情會隨著央行的態度變化，而變得比較容易波動。**

在金融行情下，生技股等虧損企業的股價也會上漲；但在業績行情下，個股會被汰弱留強。有亮眼業績作為股價保證、基本面扎實的個股，買氣就會逐漸轉強。換言之，**個股會分為「漲得動」和「漲不動」這兩種，並走向兩極化。**

漲勢隨著升息而開始踩煞車的「反金融行情」

接著市場會進入**「反金融行情」**。此時，企業業績達到高峰，景氣一片大好。社會上會出現景氣過熱、物價上漲和通貨膨脹等現象。2022 年 10 月時，歐美的高通膨率已形成一大問題，**就意味著股市已進入反金融行情的階段。**

有時央行會視情況祭出金融緊縮措施，也就是調升基準利

率，以打擊過度通膨，為過熱的景氣降溫。一旦升息，已向金融機構貸款的企業，利息負擔就會增加。比方說從事房地產開發的企業，都向銀行等機構融通鉅額資金，自有資本比例相當低。過去由於利率低，因此這些建商做的生意，就是辦理金額比自有資本還多的融資，操作槓桿來開發房地產，再銷售完工後的房屋。央行一旦升息，這些融資所造成的利息負擔就會增加，於是建商便在業務發展上踩煞車。

此時，貸款比例偏高的企業，利息負擔就會變得比以往沉重，以致於對業績產生負面影響。就這一層涵義而言，在反金融行情下，**借貸少、資產負債表配置健全的企業，比較容易受到矚目。一般而言，此時可說是價值股當道的局面**。

此外，從消費者的立場來看，房貸、車貸的利率調升之後，也會使得購屋、買車的門檻變高，我們也會對各項消費活動踩煞車。

央行一升息，公債的利率也會隨之上調。公債只要持有到期滿，就沒有任何投資風險。無風險利率（Risk-free Rate）一升高，認為與其在股市冒險投資，「不如穩當投資公債」的人就會增加，於是資金便慢慢地從股市退場，**導致整個股市都會承受下跌壓力**。觀察過去美國聯準會實施金融緊縮措施的時機，可發現美國最具代表性的標普 500 指數皆會下跌近10%——**這代表個股股價也會面臨重挫風險，所以對投資人而言，是個需要特別提防的局面**。

～ 中小型股哀鴻遍野，
大型權值股當道的「反業績行情」

實施金融緊縮措施的結果，會使企業和消費活動放緩，進而導致企業業績惡化。「營收成長、獲利衰退」、「營收、獲利都縮水」的企業財報，將成為市場大宗，其中甚至還會有些企業無力償債，或爆發信用危機——**這就是所謂的「反業績行情」**。請各位回想一下雷曼風暴重創全球之後，也就是 2008 ～ 09 年的狀態，應該就會比較容易想像。

此時，有些企業會被迫進行結構重整，甚至還需要祭出精簡人力等裁員措施。放眼工商界，不是破產就是大量解僱，到處都是壞消息。看到這種慘況，央行就會開始評估金融寬鬆政策——即評估是否降息救經濟。

在反業績行情下，企業基本面呈現一片狼藉，資金持續自股市出逃。尤其在風險較高的中小型股方面，投資人撤離資金的趨勢越發鮮明。其實日本也曾因為 2006 年 1 月爆發的活力門事件，導致中小型股股價崩跌。之後的三年，由中小型成長股所組成的東證 Mothers 創業板指數，創下暴跌 90% 的紀錄，簡直是一片面目全非的重災區狀態。**在這種時候，大型股的表現，相對會比中小型股來得更強勢。**

至於還留在股市的部分風險資金，主要是投資大型股。

企業業績慘不忍睹，在股市又籌措不到資金，於是股價就

圖 23　行情循環有四種局面

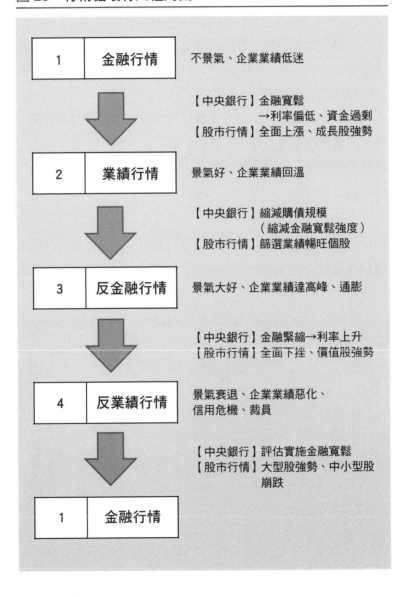

會持續呈現漲不動的狀態。日本從 2009 年起，到安倍經濟學
啟動的 2012 年為止，都一直是這樣的狀態。

　　**一旦央行開始出手實施金融寬鬆政策，金融行情就會再捲
土重來**。2012 年 11 月起發動的安倍經濟學，以及 2020 年 2 ～
3 月間的武漢肺炎衝擊後，都是典型的金融行情。

　　操作創新高投資法時，**不論行情處在上述四種局面的哪一
種，該做的事情都不變**——檢視創新高的個股，趁著基本面出
現巨大轉變時，風險報酬佳的切入點，買進上漲有望的個股。
接著只要妥善做好風險管理，再反覆落實上述操作即可。

　　不過，創新高個股的數量，會因景氣循環而有所不同。**在
股市整體行情全面上揚的金融行情和業績行情下，會出現較多
創新高個股**。在這兩個有大環境推波助瀾的局面下，相對比較
容易爭取獲利。

　　而在反金融行情當中，儘管市場呈現全面下跌的格局，但
還是有些抗跌的個股——它們都有相當強大基本面做支撐。在
多數個股一片慘跌之中還能逆勢上漲的個股，優點是在市場上
很醒目，也很容易找到。

　　此外，在金融行情、業績行情下，股價走揚的個股變多，
所以投資人手上持有的部位也容易變多；反之，在反金融行
情、反業績行情下，股價走貶的個股較多，上漲的個股較少，
投資操作的難度就會提高。大體而言，此時應減少持有部位，
降低風險，才是上策。

📈 個股股價循環有四個階段

在投資之際，觀察個股的股價循環也很重要。我會將它分為四個階段來思考。

美國知名投資大師馬克・米奈爾維尼（Mark Minervini）在他的著作中提過：**企業的股價有四個階段，會從第一階段走到第四階段後，再回到第一個階段，並且一次又一次地重複這樣的循環**。留意個股目前處於哪一個階段，再進場投資，至關重要（圖 24）。

第一階段是處於股價低點的低迷狀態，絕大多數投資人都會忽略這樣的個股，聽人提起才會想到「以前的確有過這檔股票啊……」，堪稱是「被遺忘的個股」。

第二階段會出現財報表現亮眼之類的大利多消息，企業開始萌現巨大轉變的徵兆。多數企業的股價，都是在第二階段漲得最多，尤其成長股的強漲趨勢更是顯著。握有龐大資金、足以推升股價的法人會積極買進囤積，而這樣的加碼動作也會反映在線圖上。在第二階段當中，企業上調業績預估、獲利成長高於預期等驚喜會接連發生，每次都會讓股價再更上一層樓。

第三階段則是「獲利還在成長，但之後就會開始透露趨緩徵兆」的天花板區。既然股價是在天花板區，所以投資人對個股的評價就會出現紛歧，波動率往往也會趨於劇烈震盪。在第

圖 24　股價的四個階段

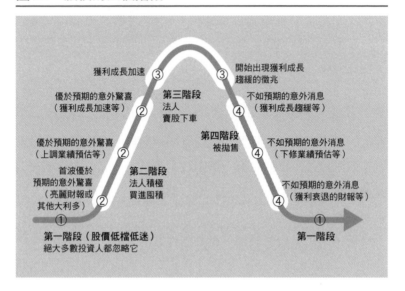

二階段初期大舉買進囤積的機靈法人，會透過拜訪公司等方式，察覺到「看來這家企業的高度成長階段即將步入尾聲」後，就會在第三階段賣股下車。以線圖來看，只要在天花板區出現帶量的大黑 K 等訊號，就是法人下車的徵兆。

　　第四階段則是進入拋售階段。在這個階段當中，企業獲利成長率已偏低，或達不到預期的成長率等，獲利成長趨緩已成現實。接著，業績預估下修、財報獲利衰退等不如預期的意外消息一再出現。經過多次「跳樓大拍賣」後，個股股價跌到「沒人願意認賠賣出」的狀態，才終於會再回到第一階段。

　　接下來，就讓我們來仔細看看，各階段究竟該做些什麼事吧！

第一階段●　從股價低迷進入築底的局面

　　股價遲遲不見反彈。若在這個階段買進，「抄底買進」的喜悅只是轉瞬。之後股價持續下探，或雖未下跌但一路持平的狀態，還會再持續一、兩年。投資了這種股票，只會看著時間不斷流逝，卻遲遲不見獲利。因此，這種處於第一階段的個股，**進場投資（新買進）還言之過早**。

📈 第二階段●
法人持續買進所帶動的強勢上漲局面

股價在第二階段會進入強力彈升的局面，因此**是投資的大好機會**。而選在第二階段初期進場投資，正是創新高投資法的精髓。不過，我們無從得知股價究竟會從什麼時候、如何開始上漲，有時甚至毫無消息面支撐，就突然起漲。

所幸多數情況下，個股都會出現「公布亮麗財報」、「巨大轉變」等利多消息。比方說公布策略聯盟，或因新商品大熱賣而獲利大增之類的「意外驚喜」，股價就會開始上漲。

第二階段的線圖有一個特色，那就是處於上漲格局時，成交量在股價漲的日子往往會大增；相對的，處於股價下跌的盤整格局時，成交量在股價跌的日子往往會縮減。這就是法人正在積極買進囤積的徵兆。還有，明眼人都可以看得出來，這時個股股價的高點和低點都呈階梯狀步步墊高，進入上漲格局。

📈 第三階段●
法人開始賣股下車的天花板區

最需要留意的就是第三階段，因為法人和部分機靈的散戶，會在天花板區賣股下車。

當股價進入第三階段時，獲利成長趨緩的徵兆，會在數字

上透露些許端倪。此時獲利仍在持續成長，但成長率已較先前稍降。

比方說「去年財報繳出了『營業利益成長 30%』成績的一檔個股，在最近一次的季報當中，成長幅度卻僅有 25%」。諸如此類的細微變化，有時就會成為觸發大量賣出的契機。

到了這個階段，法人大戶已持有相當大量的股票，正在盤算獲利了結的時機。他們的態度，會從有明確根據才進場投資的強勢買方，轉為從報章雜誌標題或社群討論等平台獲取資訊後，才出手買股的弱勢買方。**不用功的投資人會受到社群討論煽動，誤以為股價「還會再漲」而進場買股——這也是第三階段會出現的狀況。**

我們必須成為在第二階段初期就買進的機靈散戶。因此，我們要時時檢視線圖，並分析個股的基本面。

法人大戶賣股下車之際，股價的波動率會變高。**只要個股在天花板區拉出一根大黑 K，同時又出現這一波漲勢當中最高的成交量，那就是法人賣股下車最典型的徵兆。**我都會特別提醒自己：「法人的資金跑掉了，我得小心才行。搞不好這檔個股已經進入了第三階段……」

就整體而言，股價仍在上漲——這一點看來和第二階段頗有相似之處，但相較於第二階段，這個階段的股價波動顯然變得比較不穩定。

到了第三階段，當股價下跌時，成交量也會跟著大減。這

時的股價，有時甚至會創下第二階段起漲以來的單日最大跌幅，說不定連週 K 線也會創下第二階段起漲以來的最大跌幅。

在移動平均線上也會透露出些許變化。在第二階段時，**用來呈現股價長期走勢的「200 日移動平均線」仍在上揚。但此時已無力上攻，並逐漸轉趨持平，到頭來就會進入跌勢。**

📈 第四階段● 拋售引發股價急殺重挫的局面

在這個階段，股價會進入急殺重挫的局面，所以如果持續緊抱持股，下場會相當悲慘。而獲利成長趨緩的情況，也會化為實際的數字，明確地反映在財報上，例如以往獲利成長率 30%，如今回落到 10%，或是出現下修業績預估的情況，甚至營收、獲利雙降也不稀奇。而這些不如預期的意外消息，將於此時一再出現。

股價一旦落入跌勢，就很難再翻身——因為這時的跌勢，多半反映了更久遠以後的業績衰退。況且個股在市場上的供需惡化，所以很多投資人都抱持著「只要股價稍微反彈，就想趕緊出清持股」的心態。

在第四階段當中，個股會被賣到賣單枯竭、無人聞問，直到大家都忘記這檔個股時，才會再回到第 1 階段。**股價和成交量在第四階段所呈現的特色，和第二階段正好相反——股價跌**

的日子，成交量會增加；股價漲的日子，成交量則會減少。

　　股市菜鳥或初階散戶，在第四階段有一件需要特別留意的事：那就是個股此時的**本益比（PER）看起來會偏低，讓人想買進的念頭蠢蠢欲動。**不過，由於這時的股價，多半已反映了日後的業績下修或虧損等因素，所以當散戶心裡想著「本益比10 倍？好便宜啊！」進而出手買股，等到下次財報出爐時獲利大減，才發現個股真正的本益比，其實應該是 30 倍之類的案例，並不罕見。

　　本益比是用「股價」÷「每股盈餘」（EPS）計算出來的，所以只要在公布財報時發現 EPS 下滑，就算股價維持不變，本益比有時也會自動彈升。因此，**只要是處於第四階段的個股，就算我們看本益比覺得「已下滑到偏低水準，划算到有利可圖」，也絕不能出手買進**──因為股價恐怕還會再向下探底。

在第二階段股價翻漲十四倍的「雅萌」

　　接下來，就讓我們透過實際的線圖，來看看四個階段的走勢狀況。

　　圖 25 是雅萌（YAMAN，6630）的週 K 線。它是一家製造及銷售美顏儀、健康用品、美容儀等產品的企業，直到 2016年 8 月前，股價都一直是持平狀態（第一階段）。「這家公司還真是牛皮……」是整個股市對它一致的評價。

　　然而，就在 2016 年 9 月 13 日，雅萌公布了第一季財報，宣布營業利益達 11 億日圓，是去年同期的 2.2 倍，當年度 18.9 億的目標，達成率已來到 58%。各界看好它的後市表現，隔天股價應聲大漲（A）。

　　此後，雅萌便進入了第二階段——再三上調業績預估，又多次繳出亮麗財報，股價持續以階梯狀墊高。然而，當第三階段來到，便可看出法人已開始賣股下車。2018 年 6 月，雅萌股價拉出了一根前所未見的大黑 K（B），成交量也大增——這就是法人賣股下車的訊號。

　　接著來到第四階段，雅萌開始透露成長趨緩的頹勢，股價大跌，到頭來還出現獲利下滑的財報。在這個案例當中，雅萌的股價先是從逾 200 日圓開始起步，翻漲近十四倍，接著再從天花板區跌到剩七分之一，震盪非常劇烈。像這樣的個股，進場時機將大大地影響投資表現，這一點已毋需贅述。

　　在創新高投資法當中，我們要鎖定於第二階段初期進場投資。只要能搶在這個時機買進，就能將投入的資金變成兩倍、三倍；到了天花板區或進入第四階段之際，才覺得股價「變便宜」並出手買股的話，將蒙受可觀的損失。

圖 25　股價四階段的案例

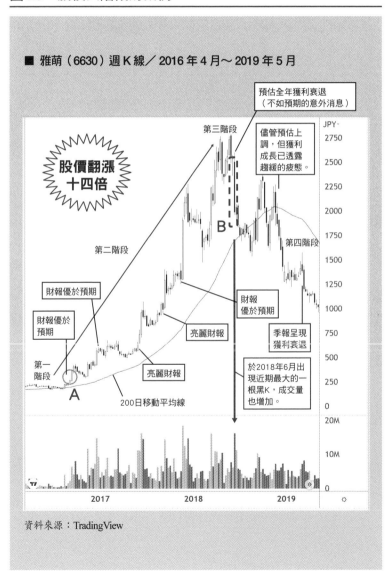

資料來源：TradingView

📈 用來釐清 「已進入第二階段」的認定標準

那麼，究竟我們該用什麼樣的標準，來判斷個股股價是否已進入第二階段呢？這裡我要介紹的，是同樣援引自米奈爾維尼著作的八項認定標準。

認定標準的詳細內容如圖 26 所示。**最起碼的條件，就是股價要高於 150 日和 200 日移動平均線。還有，150 日均線必須在 200 日均線之上**。而 200 日均線所呈現的，是股價的長期趨勢，所以至少近一個月都要處於走揚的上漲格局──這一點也很重要。

再者，呈現股價中期趨勢的 **50 日線，必須高於 150 日均線和 200 日均線。還有一個條件，就是股價至少要比近一年（五十二週）來的低點高 25%**──換言之，**這個買點不會是抄底買進**。因為我們要追求的，是**在時間效率最好的買點進場**，而不是買在股價最低點。另外，當下股價和近一年來的高點，兩者差距至少要在 25% 以內，也就是距離前一波的新高價越近越好。

盤整向上時，股價仍需高於 50 日均線。不過，處於短暫整理格局時，則可稍微放寬標準，股價即使比 50 日均線低 10% 也無妨。

再來就是與大盤股價指數的比較。股價進入第二階段時，

圖 26　進入第二階段的認定標準

1	股價要高於150日和200日移動平均線。
2	150日移動平均線必須在200日均線之上。
3	200日移動平均線至少近一個月（最好是四到五個月）都要處於上漲格局。
4	50日移動平均線必須高於150日均線和200日均線。
5	股價至少要比近五十二週（一年）來的低點高25%。 ※最理想的候選投資標的，多半在突破築底期，並開始大漲前，就已經漲到比近五十二週以來的低點還高出100%以上。
6	股價和近五十二週（一年）高點的差距，至少要控制在25%以內。 ※離前一波段的新高價越近越好。
7	盤整向上之際，股價仍要高於50日均線。 ※不過，若以較寬鬆的標準來看，股價比50日均線低個10%也無妨。
8	至少在過去六週以來，股價變動比大盤股價指數更強勢。

過去約六週以來的股價變動，要比日經平均指數或東證股價指數（TOPIX）更強勢——這也是一個相當重要的認定標準。

用技術分析手法檢視創新高個股之際，我們要確認個股是否符合圖 26 這些認定標準，進一步篩選投資標的。

📈 用來釐清行情落底與否的「跟進」

前面我們介紹了行情循環和股價循環。不過，像是從 2021 年 9 月起的這一波下跌行情，究竟該如何判斷它是否已經落幕呢？若能提早掌握先機，就可趁後續的反彈賺到龐大的獲利。這種情況，才是創新高投資法得以充分發揮實力的時機。

這裡**我要介紹一套確認行情落底與否的方法—跟進（follow through）**。這是威廉‧歐尼爾（William O'Neil）在《笑傲股市》（*How to Make Money in Stocks*）當中所介紹的概念。他分析了過去的股價指數資料，構思出了這一套用來釐清行情落底時機的工具。

這個方法固然無法準確命中「這裡就是最低點」，但以掌握新一波漲勢起始訊號的方法而言，它是一套相當出色的工具。

在歐尼爾推出《笑傲股市》的許久之前，他還曾寫過一本《股市放空獲利術》（*How to Make Money Selling Stocks Short*），當中也有關於「跟進」手法的說明。根據書中的說法，「跟進」的成功率約為 75% 到 85% 前後。就我個人的感受而言，它的

成功率應該更低一點，並非百發百中，但可成功做出判斷的機率頗高。

📈「跟進」的定義

首先，讓我們來確認「跟進」的定義。

要確認「跟進」是否發生，就要**找出起漲的第一天（DAY 1）**。找 DAY 1 會用到主要股價指數，以美國為例，指的就是標普 500 指數、那斯達克指數，以及紐約證券交易所綜合股價指數（NYSE）。

當這些股價指數以較前一天上漲的數字作收時，這一天就視為 DAY 1。不論成交量或漲幅多寡，只要收盤價比前一天上漲，就是 DAY 1（※ 但有部分例外，有興趣了解詳情的話，請查閱歐尼爾的著作）。

接著，第二天（DAY 2）、第三天（DAY 3）的股價，都不能低於 DAY 1 的盤中最低價（交易時間內的最低價）。**若出現低於盤中最低價的情況，則 DAY 1 應視為無效，要從找 DAY 1 開始重新做起。**

若 DAY2、DAY3 皆有效，則自隔天起，就要確認是否形成跟進。

通常判定區間是從第四天（DAY 4）到第七天，但其實延續到第八、第九天也無妨。在這段期間內，至少一種主要股價

指數的成交量較前一天增加，且指數強力彈升時，就可認定為跟進。

　　根據歐尼爾目前的說明，這裡所謂的「強力」，指的是漲幅達 1.25% 以上。在前述的《股市放空獲利術》當中，歐尼爾提到的漲幅是 1.7%；不過，目前他採用的標準，是 1.25% 以上。

檢視跟進的案例

　　接下來，就讓我們來看看跟進的案例。

　　圖 27（P113）是美國極具代表性的股價指數——標普 500 的日 K 線圖。

　　圖中呈現的是它自 2018 年 10 月至 2019 年 2 月的線圖，看得出它在 2018 年底曾有過一波大跌，這一點日本也是一樣。當收盤價跌幅達 20% 時，就是足以認定進入下跌行情的跌勢。

　　接下來股價就會朝復活的方向發展。就讓我們來看看在這段復活的過程中，「跟進」是怎麼出現的吧！

　　此時雖然還出現了第二次、第三次探底，但也出現了兩次的反彈假象。原先的 DAY 1，是 2018 年 10 月 30 日（A）。由於 DAY 1 的定義，就是收盤價較前日上漲的第一天，所以 10 月 30 日是 DAY 1。儘管這時的成交量已較前一天多，但 DAY 1 並沒有成交量多寡的條件限制。

　　要符合「跟進」的判定標準，條件是緊接著來到的 DAY 2、

DAY 3，股價都不能低於 DAY 1（10 月 30 日）的盤中最低價，也就是在 K 線上出現的那條短下影線。

　　假如 DAY 2 留了一條長長的下影線，後來才又收高，那就等於已低於 DAY 1 的盤中最低價，所以 DAY 1 無效，一切重新來過。

　　而在這個案例當中，DAY 2、DAY 3 都沒有低於 DAY 1 的盤中最低價，所以這個 DAY 1 是有效的。接著在第四天以後，就要找出成交量較前一日成長，且股價大漲（漲幅逾 1.25%）的交易日。

　　第四天是一根下跌的黑 K，第五天雖然拉出紅 K，但成交量卻比前一天還少，故不符合跟進的條件。而第六天的成交量，又變得比第五天還更少。

　　到了隔天，也就是 11 月 7 日（B），檢視期的第七天（DAY 7）時，股價大漲，漲幅逾 1.25%。至於成交量則是平均水準，稍嫌不夠強勢，但還是較前一天增加，故可認定股價走勢是「跟進」。我們可以這樣判定：10 月 30 日是底部，所以到了第七天時，股價大致上應該是已經落底了。

　　不過很可惜的是，在這個案例當中，它只是個假象──後來個股連拉了好幾根黑 K 線，當中還有成交量比前一日還多的時候。這就是所謂的倒貨（distribution）。個股跳空大跌（Gap Down），11 月 20 日（C）出現了低於 DAY 1 盤中低點的股價，所以這次的跟進宣告失敗。

就這樣，11 月 7 日出現的第一個跟進作廢，要再找下一個
DAY 1。

後來，11 月又再度出現假象，一路大跌到了年底。這次的
DAY 1 是 12 月 26 日（D），當天拉出了一根上漲的大紅 K，
DAY2、DAY3 也都沒有低於 DAY 1 的盤中最低價，所以 DAY
1 有效。

之後在第七天（隔年 1 月 4 日）時形成了跟進（E）。不過
這個跟進判定有點不確實，因為當天成交量較前一日略少。根
據前面介紹過的原則，這個成交量並不符合跟進的條件。不
過，由於當天漲幅高達 3.4%，強升力道非常強勁，因此破例
認定它是跟進。

至於股價走勢究竟是否屬於跟進，最終要由歐尼爾創辦的
《投資人商務日報》（*Investor's Business Daily*）來判定。如果各
位要自行檢視，請根據上述的基本規則進行，但請別忘了它只
能算是一個參考指標。

⬈ 在真正落底前，
　股價會再三暴跌、暴漲

再來看一個 **2009 年金融危機**時的案例。當時股市面臨
的，是由次級房貸所引發的雷曼風暴。從 2007 年 10 月到 2009
年 3 月，標普 500 指數重挫了 58%。圖 28 是 2008 年 9 月起的

圖 27　確認股價落底與否的方法

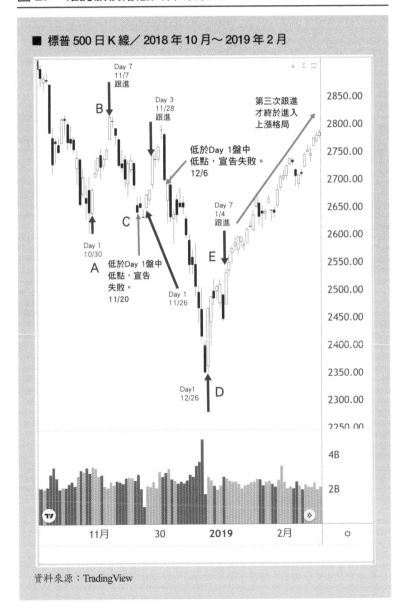

■ 標普 500 日 K 線／ 2018 年 10 月～ 2019 年 2 月

資料來源：TradingView

股價走勢，是這一波重挫的尾聲，慘況遠比 2020 年的武漢肺炎疫情衝擊更可怕。

在真正落底前，股價會再三暴跌、暴漲。這一波的第一次探底，是在 10 月 10 日（A），接著隨即又暴漲 24%，之後再次暴跌。

第二次探底則是在一星期後的 10 月 16 日（B）。接著反彈14%，隨後又再暴跌。從這些數字，看得出當時股市處於非常可怕的動盪行情。

第三次探底則是在十天後，也就是 10 月 27 日（C）。之後股價又反彈約 19%，但緊接在後的，是第四次探底（11 月 20日）（D）。股價再三暴跌與反彈，使得那些沒有做好風險管理的投資人，只能被迫賣股退場。

我以往已經吃過很多苦頭，所以早就減碼持股，才得以在這次的金融危機下保住一命。**那些過度依賴信用交易買股的投資人，幾乎全都被迫賣股退場。**

更可怕的，是第四次探底之後。股價呈現較大反彈，彈升幅度達 25%。況且當時重挫局面已持續三個月，許多投資人都認為「差不多要進入上漲格局了吧？」便積極搶進買股，深怕太慢進場，錯失良機。

這時行情真的相當恐怖。3 月 6 日（E），股價竟又改寫新低，進入第五次探底，彷彿就像是在粉碎所有市場參與者的期待似的。從第四次探底後的反彈高點下殺，重貶約 30%。到最

圖 28　雷曼風暴後的反彈案例

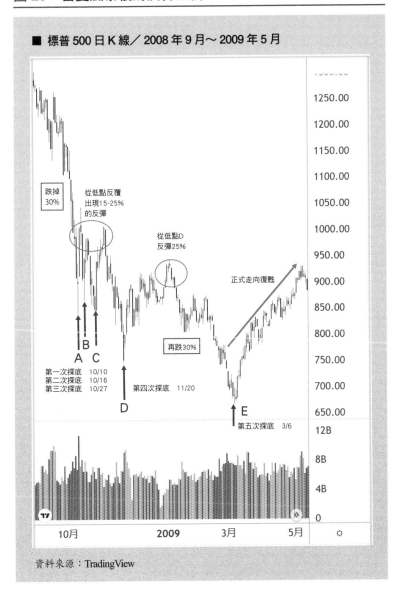

■ 標普 500 日 K 線／ 2008 年 9 月～ 2009 年 5 月

資料來源：TradingView

後，這個第五次探底才讓美國股市真正落底，正式走向復甦。**股價在第一次探底時，也崩跌了 30%，後來反彈 15~25%，又再跌 25%，接著回漲 25%，然後又重挫 30%**——期盼各位理解，股市就是會出現這種驚悚情節的地方。

這裡我只介紹了兩種下跌局面，不過，就算檢驗再多以往發生過的崩跌，應該都會呈現類似的趨勢——也就是幾乎不會一次崩跌就落底，要再歷經第二次探底，有時甚至還會發生第三次、第四次探底。日本股市有比美國更慘烈的案例，也曾有過日本股市受創輕微的案例，各種情況都有。**唯一的共通點，就是幾乎不曾一次崩跌就落底。**

我將投資人在下跌格局時須特別留意的事項，彙整如下：

〈下跌格局的特徵〉

① 絕大多數都不會在一次崩跌後就落底。

② 反覆出現約 15~25% 的反彈。它會把那些覺得自己錯過最低點進場、心急不已的投資人捲進股市。

③ 在經歷第一次探底之後，多半會出現嘗試第二次探底（有時甚至還有第三次探底）的情況（三天～三個月後）。

④ 波動率居高不下（投資人動不動就停損，被股價波動擺佈）。

〈下跌格局時的行動指引〉

⑤ 確保現金部位後，冷靜觀察市場與個股，耐心等待。

⑥ 躁進或缺乏紀律的買股，只會擴大損失，絕對要避免。

⑦ 不求獲利，以保護資金為優先（重視風險管理）。

　　如前所述，絕大多數的下跌格局，通常都不會崩跌一次就打底，而是會反覆出現約 15~25% 的反彈，視下跌的速度或跌幅而定。在這段反彈的過程中，由於時間長、漲幅大，所以會把那些覺得自己錯過最低點進場、心急不已的投資人捲進股市──那些因為覺得「糟糕！錯過買點了！」而搶在高價圈貿然進場的投資人，下場就是會在後續的跌勢中，再度製造鉅額虧損。

　　第二次探底有時會出現在第一次探底的三天後，有時則會出現在三個月後，沒人知道何時會降臨。而在這段期間當中，股價的波動率會居高不下。在這樣的行情環境當中，如果進場買股，由於一天就會下跌約 10%，所以馬上就會觸及停損點。再加上風險報酬也很差，等於是買越多虧越多。

　　創新高投資法的卓越之處，就在於它具有自動調整部位的功能。只要落實執行，投資人在每次跌破箱型都會停損或獲利了結，結果就是累積許多現金部位在手之後，才會發生暴跌。因此，依循創新高投資法的規則，逐步縮減持股部位，最後就能躲過暴跌的結局。在 2020 年的武漢肺炎衝擊當中，許多學員就是因為我一再發出警示郵件，才得以倖免於難。

　　當行情處於下跌格局時，冷靜地觀察自己監控的個股，尤

其重要。儘管這是一段該戒急用忍的時期，不過，**散戶的特權，就是我們都有「不進場」的選項**。這一點我們比法人有利，所以懂得充分發揮這項優勢，至關重要。

我們只要跳脫股市大盤，退一步站在安全的地方觀察，靜待時機來到時再進場即可。躁進搶買，或不符個人交易規則的買進動作，都要節制，伺機而動。其實在一般行情下也是如此，**尤其在波動率偏高的格局下，損失規模轉眼就會擴大**。況且在不確定是否落底的情況下，一心想著要「大撈一筆」而衝動進場，一定會馬上陣亡。在賺錢獲利之前，要以保護自己的資金為優先——這樣的風險管理觀念，至關重要。

📈 在下跌格局期間所做的準備，會決定日後的績效表現

不過，我們並不會因為處於下跌格局，就可以袖手旁觀。在下跌格局期間所做的準備，將決定您後續的投資績效，因此在大規模的下跌格局當中該做些什麼，便顯得格外重要，是投資人最重要的時期之一。畢竟下跌格局不會一直持續下去，上漲格局總有一天會來到。

只要從這當中抓到一、兩檔大飆股，資產就能因此而大增。**大飆股會在下跌格局中萌芽**。儘管此時大盤整體下跌壓力沉重，個股上攻有壓，但下一波大漲的飆股，會在整體行情落

圖 29 中國股災後的反彈案例

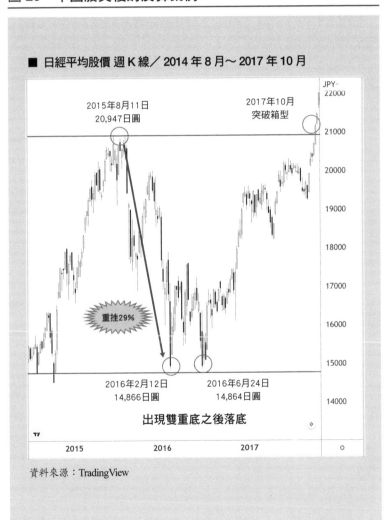

■ 日經平均股價 週 K 線／ 2014 年 8 月～ 2017 年 10 月

資料來源：TradingView

底前後突圍爆發。

　　除了要用我們特別關注的個股列出觀察清單，從技術面分析它們的股價變動狀況之外，還要檢視近期公布的財報等基本面，然後就是每天仔細觀察這些監控個股的股價變動，預作準備。接下來，我們就來檢驗一檔大漲個股，看它在大盤暴跌行情下，股價呈現出什麼樣的波動。

　　在中國股災衝擊下，日經平均股價指數在 2015 年 8 月 11 日到 2016 年 2 月 12 日的半年間，就暴跌了 29%。當時指數出現了一個雙重底之後才真正落底。若以 2016 年 2 月 12 日的 1 萬 4,866 日圓為第一次探底，那麼 6 月 24 日的 1 萬 4,864 日圓就是第二次探底，也就是第二次探底出現在第一次探底的四個月後（圖 29）。

　　落底後，指數於 2017 年 10 月突破箱型，等於日經平均股價指數在兩年兩個月後復活，突破前波高點。

　　在這段過程當中，有一檔大幅上漲、翻身成為「十倍股」的個股，那就是日本來富恩（Japan Lifeline，7575）（圖 30）。它先是在日經平均股價指數第一次探底（A）的一個月後創新高；後來在日經平均股價指數第二次探底（B）時，它的漲勢已遙遙領先大盤。在下跌格局過後，股市特別容易出現這種大飆股。

　　圖 30 是日本來富恩（上）和日經平均股價指數（下）的日 K 線圖。日經平均股價指數在 2016 年 2 月 12 日時，跌破了

圖 30 個股與日經平均股價指數的比較

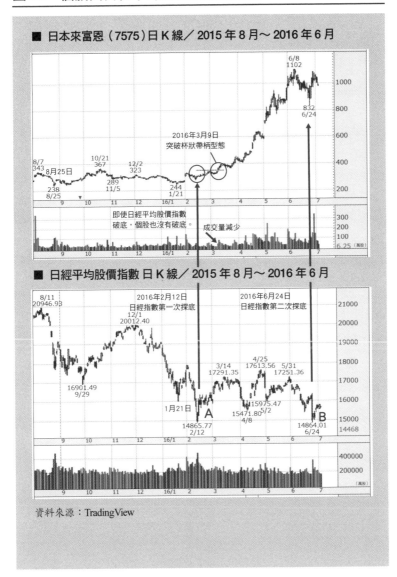

■ 日本來富恩（7575）日 K 線／ 2015 年 8 月～ 2016 年 6 月

■ 日經平均股價指數 日 K 線／ 2015 年 8 月～ 2016 年 6 月

資料來源：TradingView

1月21日的前波低點，形成第一次探底。

不過，日本來富恩並沒有跌破近期低點（2015年8月25日的240日圓附近），並以它作為支撐線，安然度過了日經平均股價指數的第一次探底（2016年2月12日）。也就是說，它的股價看來相對抗跌。

接著來到3月9日，也就是一個月後，日本來富恩的股價創下了新高。

到3月9日創新高之前，日本來富恩雖有下跌，但成交量都很低。這是因為想賣的人變少，也就是賣單已經枯竭的證據。於是到了3月8日、9日、10日、11日，日本來富恩接連爆出高於近期的大量，股價也大漲。

先前少數尋求解套賣出的賣單已被清空，只剩下強勢買單（主要是法人），所以才大幅推升股價。從3月9日的突破點起算，日本來富恩用兩年時間，就將股價翻成了十倍。

像這樣的大飆股，會在下跌格局轉上漲格局的時候出現。因此，當大多數投資人對市場感到悲觀時，懂得不屈不撓，找出翻漲有望的個股，提早著手調查，便顯得格外重要。

第 **4** 章

實務一
用線型找候選個股

🗠 檢視股價創新高的個股

從本章起，我要介紹朝「億級大戶」邁進之際，具體的投資操作方法。

第一步是要找出股價創新高的個股。這裡我會帶各位看看該如何利用「株探」網站，檢視有哪些個股股價創新高的方法。

打開株探網站（https://kabutan.jp/），會看到一個「股價警報」的選單標籤，就點選這裡。出現股價警報的選單後，就選擇「本日創今年新高個股」。此外，株探最近還新增了一項「本日創五十二週以來新高個股」的功能。如果是要檢視創近一年新高的個股，也可用它來篩選（圖31）。

點選之後，就會出現當天創新高的個股清單。點一下「前日比」的上箭號，個股就會重新依漲幅高低排序。如此一來，檢視創新高個股的前置準備就完成了（圖32）。

從上到下，依序點選有興趣或聽過的個股線圖標示，檢視它們的線圖。如果看起來似乎有進場投資的機會，就檢視個股的新聞和業績——整套檢視的流程就是這樣。至於調查基本面的方法，稍後我會再詳述（第五章）。

圖 31　在「株探」上確認創新高的個股

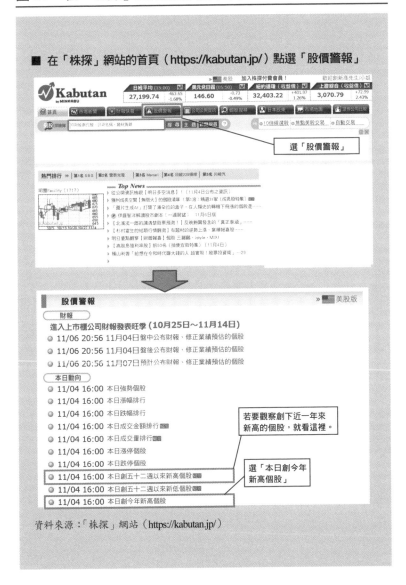

資料來源：「株探」網站（https://kabutan.jp/）

圖 32 檢視創新高個股

■ 用「株探」的「股價警報」裡的「本日創今年新高個股」，
　找出有興趣的創新高個股，檢視它們的線圖。

本日創今年新高個股（含盤中一度創高）

日本株年初来高値 | 米国株52週高値

【注】ニュー　　　1 點向下箭號，就會依漲幅高低排列。　った銘柄

市場別

所有市場　主要　標準　成長　　所有個股　・50　50-100　100-300　300-1000　1000-

1 2 次頁>　50筆 ∨　　　　　　　　　　　　　　　　　　　　股價更新

2022年11月04日 16:00更新　65檔個股　　報價延遲20分鐘 → 調整為即時報價

代號	個股名稱	市場		股價	前日比		新聞	PER	PBR	殖利率
5726	大阪鈦	東主	📖 📊	4,545	+695	+18.05%	NEWS	57.7	5.83	0.44
9827	麗彩	東標		691	+84	+13.84%	NEWS	8.4	1.11	2.10
7376	BCC	東成		1,784	+209	+13.27%	NEWS	66.2	3.26	—
7518	Net One	東主	📖 📊	3,245	+367	+12.75%	NEWS	19.1	3.61	2.28
5036	JBS	東標		2,956	+234	+8.35%	NEWS	32.0	4.50	0.99
5132	pluszero	東成		6,720	+510	+8.21%	NEWS	142	69.74	—
4840	拓莉司	東成		381	+28	+7.93%	NEWS	8.3	0.70	1.57
9010	富士急	東主		4,885	+305	+6.66%	NEWS	178	10.67	0.25
7386	J Warranty	東成		1,811	+112	+6.59%	NEWS	8.9	2.42	—
6632	JVC建伍	東主	📖 📊	341	+21	+6.56%	NEWS	3.7	0.59	2.05
2670	艾比斯馬特	東主		7,160	+390	+5.76%	NEWS	25.5	1.97	2.37
5461	中部鋼鈑	名主		1,181	+61	+5.45%	NEWS	5.3	0.48	5.93
8130	山月	東主	📖 📊	1,897	+97	+5.39%	NEWS	9.3	1.30	4.22
6392	山田	東標		2,887	+138	+5.02%	NEWS	6.3	0.56	3.67
1663	K&O 能源	東主		2,225	+95	+4.46%	NEWS	14.4	0.72	1.35
6526	索思未來	東主		6,020	+250	+4.33%	NEWS	15.6	2.02	2.66
3986	bBreak	東成		1,775	+66	+3.86%	NEWS	21.3	1.90	0.68
6961	利騰	東主		4,680	+165	+3.65%	NEWS	9.0	0.91	1.28
6817	勝美達	東主		1,327	+43	+3.35%	NEWS	9.3	0.76	2.71
7408	JAMCO	東主	📖 📊	1,752	+56	+3.30%	NEWS	54.0	4.15	—
5984	兼房	東標		855	+27	+3.26%	NEWS	8.8	0.46	3.45
9218	MHT	東成		1,849	+56	+3.12%	NEWS	71.0	29.57	—
5285	YAMAX	東標	📊	313	+9	+2.96%	NEWS	6.5	0.56	4.47

2 點選K線的標示

資料來源：「株探」網站（https://kabutan.jp/）

圖 33　在線圖上呈現移動平均線

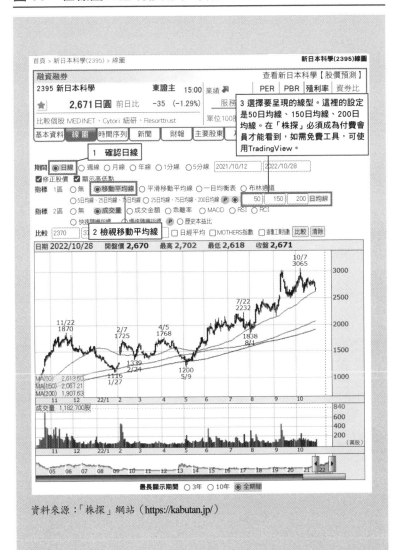

資料來源：「株探」網站（https://kabutan.jp/）

遇有感興趣的個股、或還想再深入調查的個股，就把它們列入清單，當作監控個股。至於篩選的標準，基本上就是在P100介紹的第二階段認定標準。

在「株探」的線圖上，可以顯示三條移動平均線（圖33）。免費版可用日K線呈現25日均線、75日均線和200日均線；我用的是付費版，所以可顯示50日均線、150日均線和200日均線，方便檢視。

若想免費使用可自由設定區間的移動平均線，不妨使用券商提供的看盤軟體，我個人就已愛用樂天證券的MARKET SPEED多年；此外，建議各位也可使用「TradingView」這個看盤工具。

找到符合第二階段條件的個股之後，就去調查它的基本面，了解它創新高的原因。至於調查的方法，我稍後會在第五章介紹。

股價易漲的三種線型

有些股價創新高的個股，企業本身正在發生巨大轉變，股價深具急漲的潛力。不過，並非所有創新高的個股，都會上漲走高。

以下就介紹幾種「股價很可能上漲」的線型。

〈股價容易急漲的線型〉

① 杯狀帶柄型態

② 價格波動收縮型態（VCP）

③ 突破箱型

歐尼爾推薦的「杯狀帶柄型態」

首先是杯狀帶柄型態（圖 34）。

杯狀帶柄型態是一種線型，形狀就像「從側面看的帶柄咖啡杯」。在歐尼爾的著作《笑傲股市》當中，說它是投資成長股時，成功機率很高的一種型態。

當股價突破杯子右側出現的杯柄（把手）之際（C），就是買點。

杯子底部的理想狀態，是渾圓的 U 字形，而不是 V 字形。相較於 V 字形的一口氣回升，**口袋不夠深的投資人更會在圓形築底的過程中，分幾次被甩下車，之後供需狀況就會轉好，股價也隨之上漲。**

另外，從高點（A）到低點的跌幅達 60% 以上，或與同一期間的日經平均股價指數相比，跌幅達日經指數的 2.5 倍，甚至三倍以上者，很可能個股本身有自己的利空，投資人最好避免踩雷。

相對而言，沒有柄的杯子，投資失敗率會比有柄的杯子

圖 34　杯狀帶柄型態的基本形

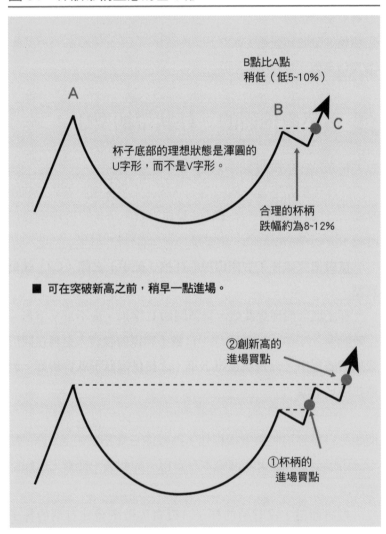

B點比A點
稍低（低5~10%）

A

B

C

杯子底部的理想狀態是渾圓的
U字形，而不是V字形。

合理的杯柄
跌幅約為8~12%

■ 可在突破新高之前，稍早一點進場。

②創新高的
進場買點

①杯柄的
進場買點

高。股價在杯柄部分時，會把最後一批口袋不夠深的投資人甩下車。像這樣去蕪存菁之後，股價比較容易急拉上漲。沒有柄的杯狀線型，固然也有很多投資成功的案例，但有柄的杯狀型態，成功機率還是比較高。

在杯柄處的低點逐步墊高，或是股價持平不跌的情況下，投資失敗的機率也會偏高。杯柄合理的跌幅通常是 8~12%，但在下跌格局當中，股價的波動率會偏高，所以跌幅也會連帶地加深。

讓我們重新整理一下，股價走勢呈杯狀帶柄型態時的進場買點。

如果是在杯子上方三分之一處形成杯柄，那麼杯柄多半會出現在比高點（杯子左邊的波段最高點 A）低 5 ～ 10% 處。因此，在這裡買進，會比在創新高之際買進更有利一點。了解這一套杯狀帶柄型態的理論，就能讓我們站在更有利的起跑點，心理上也會比較從容。因此，檢視線圖的動作絕不可少。

看杯狀帶柄型態買股，容易把停損點設定在 10% 以內

杯柄附近的整理，會製造出一個小箱型。不過，這裡的高、低點落差，最好是在 10% 以內。這樣一來，就比較容易把技術面優勢的停損點設定在虧損 10% 以內。10% 這個數值，

是我們以「大賺小賠」為目標時，所能容忍的虧損率上限。

　　圖 35 是以三分之一為單位，將杯子從高點到低點的深度區分成三層，並標示出各階層突破點的圖表。**適用這張圖表的，就只有股價處於第二階段的個股，所以這個型態成立的前提條件，就是它必須出現在 200 日移動平均線之上。**

　　通常杯狀帶柄型態突破高點的方式，是股價在上層整理後，再上攻突破。儘管股價在杯柄部分一路向下探底，但同時成交量也越來越少，口袋不夠深的投資人會被甩下車。之後，強大的買方──法人的買單，就會帶動股價創新高。

　　在中段三分之一區間出現的作弊突破，是在「整理」之後的突破。其實這裡就是第一個可以進場的買點。

　　這裡買進的價位，會低於前述的杯柄突破，因此只要個股走勢成功翻揚，就能放大獲利的幅度。

　　不過，在這個作弊區當中，還留有不少在前波高點附近買進的人，所以它也會是一個賣點。正因為這裡的賣壓沉重，所以投資成功率相對較低。所謂的作弊（cheat），其實就是「假象」的意思。

　　至於在最下方三分之一區間整理後的突破，則是低位作弊型態。所謂的低位作弊，一如它的名稱所示，是從比「作弊突破」更低的位置突破前波高點的意思。在這個價位上，有很多被套牢在高點的人，正等著股價只要稍微漲回來一點就賣股，所以上攻突破以失敗收場的機率最高。所以，絕大多數的情況

圖 35　在杯狀裡突破前波高點的三種模式

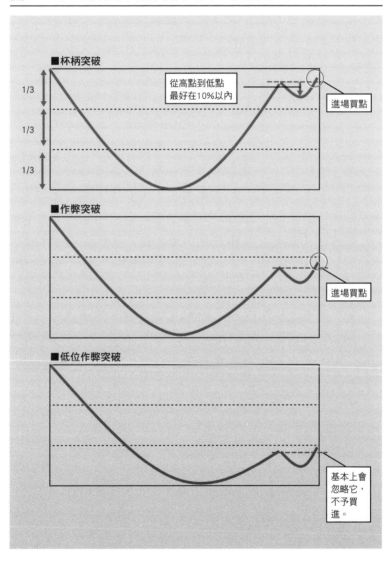

下，我們往往會選擇忽略「低位作弊突破」這個進場買點。不過，如果是要趁早搶在上漲趨勢的盤整格局之下，買進許多市場參與者都在關注的權值股，那麼這個買點也會有成功獲利的案例。

低位作弊、作弊、杯柄和創新高——這裡我們介紹了四種進場買點。然而，絕大多數的個股可沒這麼好心，會讓所有買點乖乖出現。

圖 36 是杯狀帶柄型態的實際案例——它是在第一章也曾出現過的神戶物產（3038），很多人都知道它經營掛綠招牌的業務超市，是散戶也很熟悉的一家企業。

其實這檔個股自 2018 年起，股價就一路上漲。2019 年夏天曾有過一段盤整格局，之後在 10 月時買點浮現。儘管它杯狀帶柄型態的期間較短，但的確是一個出現過許多買點的案例。

神戶物產從 8 月 16 日（A 點）開始下跌，到 9 月 13 日（B點）觸及低點為止，形成了杯狀線型的左半邊。之後股價開始反彈，進入形成杯狀右半邊的階段。它在 10 月 2 日時拉出了一根大紅 K，股價急漲，但隨後就進入了約兩週的整理期。這裡是一段消化高價持股的時期，那些買在 1,400 ～ 1,500 多日圓的投資人，紛紛選擇解套賣出，使得股價上攻遇壓。這時股價位在杯狀的中段三分之一處，所以是作弊買點。我想各位應該看得出來，在股價收跌的日子裡，成交量其實是變少的。股價從 10 月 3 日的高點 1,495 日圓（C 點）微幅走跌，然後就在

圖 36　杯狀帶柄型態的案例

■ 神戶物產（3038）日 K 線／ 2019 年 7 月～ 11 月

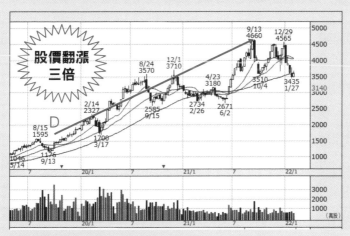

■ 神戶物產（3038）週 K 線／ 2019 年 5 月～ 2022 年 1 月

資料來源：「株探」網站（https://kabutan.jp/）

10 月 21 日（D 點）出現作弊突破。誠如您在圖中所見，股價突破前高時的特徵，就是成交量會比平常多。接著走勢就又進入了形成杯柄的階段。這次持續的期間較短，約一星期左右。就在股價緩步下探之後，10 月 31 日（E 點）又出現了高於平均的成交量。隨後，股價便又緩步下探，進入賣壓消化期（10 月 31 日～ 11 月 15 日）。接著到了 11 月 18 日（F 點），股價帶著高於前一天的成交量創下新高。**在這個案例當中，曾浮現三次突破前高點（D、E、F 點），它們就是進場的買點**，也是在股價節節高升之際，可分批加碼的買點。

　　誠如下方的週 K 線所示，後來該公司的股價，從第一個突破點（D 點）的 1,496 日圓起算，不到兩年內就翻漲了三倍。

📈 價格波動收縮型態（VCP）

　　第二種易漲線型是價格波動收縮型態（Volatility contraction pattern，簡稱 VCP）理論。它是馬克・米奈爾維尼的創見，可有效提高投資人在突破點進場投資的成功機率。

　　使用 VCP，能幫助我們找出破底風險低、上漲空間大，風險報酬佳的切入買點。

　　所謂的 VCP，指的就是像圖 37 這樣的線型。通常在出現 VCP 時，股價會發生二到四次的波動收縮，偶爾甚至還會多達五、六次。這裡所謂的價格波動收縮，您只要把它想成是像圖

圖 37　VCP 的例子

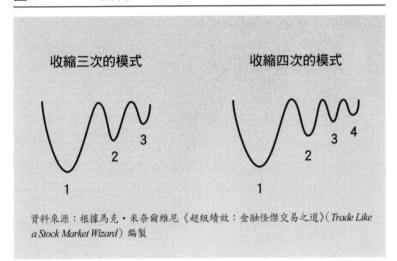

資料來源：根據馬克・米奈爾維尼《超級績效：金融怪傑交易之道》（*Trade Like a Stock Market Wizard*）編製

37 這樣，意指「跌幅會隨時間而逐漸縮小」即可。

為什麼波動率會收縮呢？

請您想像一下擰抹布時的情景，應該就會比較容易理解——有一條吸飽了水的抹布，我們在水桶裡擰它，剛開始當然會擰出很多水。

接著我們攤開抹布，然後再擰一次。第二次擰出來的水，當然不如第一次那麼多。到了第三次，擰出的水量會變得更少。反覆操作幾次之後，到頭來就會幾乎擰不出水。在這個例子當中，「抹布裡的水」是「賣壓」的比喻。在股市當中，賣壓會隨著時間而消化，並且逐漸縮小。VCP 所呈現的，就是這個概念。

圖 38 是經營寵物保險事業的 Anicom 控股（8715）的股價走勢。圖中所呈現的，正好是股價剛走出武漢肺炎疫情衝擊，邁向復甦格局的日 K 線圖。

在這個案例當中，波動率出現了四次收縮——第一次是從疫情衝擊前的高點重挫約 39%，觸及疫情衝擊的最低點，接著是從高點到低點跌了約 18%，再來則是約 8% 的跌幅。

儘管這個案例後來創下了波段新高（A 點），但接著又在高檔整理了將近 7%，才又突破前波高點（B 點）。兩次突破點都有成交量暴增的情形，是投資成功機率很高的突破型態。

在突破前波高點之前，股價一度盤整時（A、B 兩點之前，都各有兩週），個股的成交量緩步萎縮，這就是賣單已枯竭的

圖 38　出現 VCP 後急漲的案例

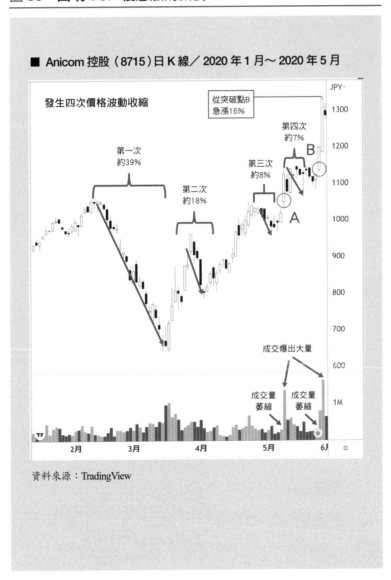

■ Anicom 控股（8715）日 K 線／2020 年 1 月～ 2020 年 5 月

發生四次價格波動收縮

從突破點B
急漲16%

第一次
約39%

第二次
約18%

第三次
約8%

第四次
約7%

B

A

成交爆出大量

成交量
萎縮

成交量
萎縮

JPY

1300
1200
1100
1000
900
800
700
600
1M

2月　　3月　　4月　　5月　　6月

資料來源：TradingView

證據。賣單枯竭後大幅向上突破，可說是一種最典型的 VCP 模式。

在價格波動收縮的過程中，最好第二次收縮幅度約為第一次的一半，第三次收縮幅度約為第二次的一半……收縮幅度隨次數減半，是最理想的狀態。

在 Anicom 控股的這個例子當中，第一次的股價收縮幅度是 39%，第二次收縮幅度大約減半，來到 18%，第三次收縮幅度又再減半，下跌 8%，是很理想的突破節奏。不過，這個例子很可惜的地方，是它的急漲行情最後以短命收場。原因恐怕是由於推升股價的基本面題材，並沒有市場參與者期待的那麼有料所致。

📈 VCP 是因為供需原理而出現

VCP 是因為供需原理而出現，所以了解這個原理，便顯得格外重要。請您想像圖39是一檔第二階段的個股股價走勢圖。在杯狀左邊出現賣壓，還看不出來是否已經落底，股價就已經反彈。之後儘管股價上攻承壓，但還是逐步上漲。

股價來到高點（A 點）附近之際，個股又再湧現賣壓。**這股壓力是來自部分在高點買進，帳上還有未實現損失的投資人，啟動解套賣出所致。**

這是因為有些投資人抱持著「我打算等回到損益打平的價

圖 39　供需原理

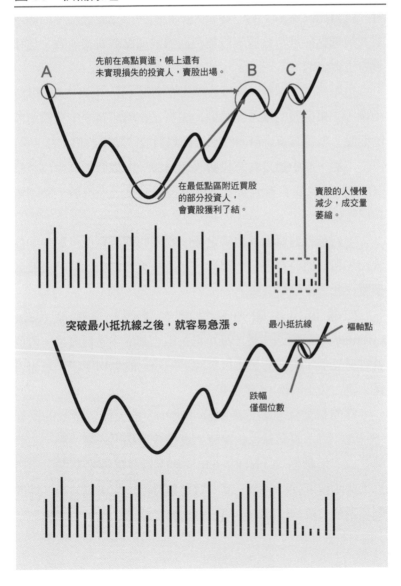

先前在高點買進，帳上還有
未實現損失的投資人，賣股出場。

A　　　　　　　　　　　B　C

在最低點區附近買股
的部分投資人，
會賣股獲利了結。

賣股的人慢慢
減少，成交量
萎縮。

突破最小抵抗線之後，就容易急漲。

最小抵抗線　樞軸點

跌幅
僅個位數

位就賣出」的心態，一路咬牙抱股，所以當股價一到高點附近，就會湧出賣單；另一個原因則是由於**部分眼光精準的股友買在最低點附近，打算等股價漲回前波高點就賣出所致**，這種賣單也會出籠。

這兩個主要因素，導致股價會在高點（B）附近出現壓力。不過，如果個股的基本面強健，尤其是市場認為未來業績可期的個股，就會有資金雄厚的法人進場買股，帶動股價上漲。

不過，當中還是會有投資人想賣股，所以股價又會再承壓（C）。此時只要看看成交量，就會發現交投已漸冷清，顯示賣單已趨枯竭。

等到最後的賣單都出盡之後，剩下的就是買進意願強勁的大戶，和他們的買單了。因此，在很多案例當中，我們會看到個股在此之後暴量急漲。

如果借用美國知名投機客傑西・李佛摩（Jesse Livermore）的說法，**從「最小抵抗線」起漲突破前高後，股價就容易急漲**。所謂的最小抵抗線，一如它的名稱所示，意思就是「阻力最小的線」（價格帶）。

當價格波動收縮，漲跌幅非常小，進入僅個位數的跌幅（盤整幅度），成交量也萎縮時，就是賣單枯竭的價位點，我們稱之為「樞軸點」（Pivot Point）。若能看準樞軸點買進，股價再下探的程度就很有限。萬一買進後股價出現可疑波動，即跌幅超過前波收縮幅度時，只要做出停損處理，就可將損失控制

在幾個百分點之內。換言之，樞軸點可說是低風險進場的布局
點。另一方面，就供需狀況而言，它也是一個有利的買點。順
利的話，後續股價往往會急拉上攻。

🗞 讓尼可拉斯・達華斯大賺 200 萬美元 的箱型理論

箱型理論（Box Theory）也是一個能有效幫助我們找出進
場買點的方法。箱型理論是由美國知名投資人尼可拉斯・達華
斯提出，並在他的著作《我如何在股市賺到 200 萬美元》做了
完整的介紹。

理論詳情請參閱該書說明，在此僅簡單介紹。

**所謂的箱型格局，就是股價在一定範圍（區間）內來回的
狀態**（圖 40）。這時由於股價行情看起來就像是關在一個箱子
（box）裡，所以才會被稱為「箱型」，其實也可以稱為盤整狀
態。串聯既往高點所連成的箱頂線，我們稱之為「壓力線」
（Resistance line）；至於串聯既往低點所連成的箱底線，我們稱
之為「支撐線」（Support line）。

箱型上緣是「解套賣出區」。在這個價格區間當中，一旦
股價接近前波高點，套在高點的投資人，就會想賣股解套，於
是股價便承壓下跌；一旦價格回落，那些記得前波低點價格，
心想「跌下來了，快買進」的人，就會變多，於是**股價便在箱**

圖40 箱型格局

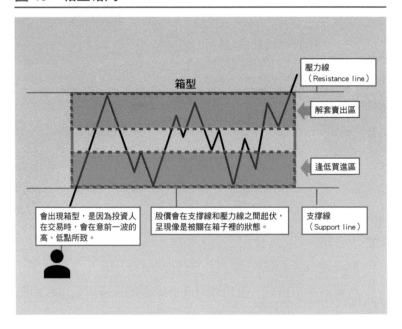

型下緣反彈向上——這就是個股的「逢低買進區」。

　　市場參與者會像這樣，留意股價的高、低點，並伺機買賣，因此在股市裡，可以看到很多個股的股價，都會呈現同樣的箱型格局走勢。

　　箱型有各種不同的時間軸的版本。它會出現在以短短幾分鐘為單位的分 K 線，也會出現在日 K 和週 K 線上。至於在創新高投資法當中，我們特別在意的，主要是日～週～月的時間軸，但有時也會考慮以數年為單位的箱型後，再評估買賣與否。

　　就我的印象而言，以「月」為單位的箱型，通常是以「三個月」、「六個月」這種與季報成整數倍的期間居多。想必這是由於市場人士在買賣股票時，會觀察財報數字的緣故。

　　只要股價突破箱型，盤整狀態就會出現變化（趨勢）——向下突破時，便可認定個股處於跌勢；反之，向上突破時，便可認定個股處於漲勢。其實股價也適用慣性定律，所以一旦出現某種趨勢，往往會持續一段時間，而我們就要把這樣的趨勢，利用在股票交易上。

強勢個股會堆疊多個箱型，逐步墊高股價

　　強勢個股還會堆疊多個箱型，逐步墊高股價。如圖 41 所示，當股價走勢從第一個箱型進入第二個箱型時，在第一個箱

圖 41 強勢個股會堆疊多個箱型，逐步墊高

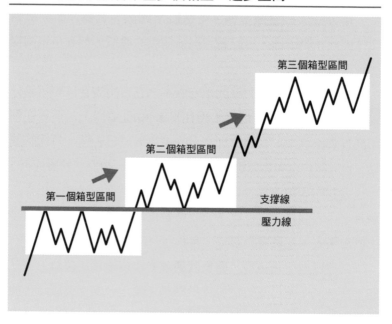

型當中成為壓力線的股價，就會變成第二個箱型的支撐線。投資人多半會特別留意這個價位，而它也會發揮一些功能。

只要懂得妥善運用箱型格局的特點，就能在展望獲利的同時，又管控風險。

如圖 42 所示，我們會在股價向上突破箱型（A 點）時買進。白天另有工作的散戶，不妨利用「條件單」這項可自動發出買單的機制。不過，有時還是可能發生「沒在 A 點買到」的情況。此時如果股價突破合理買點，我們在上漲 10% 後才買進，那麼風險報酬就會明顯變差。觸發「至多損失 10%」這個停損條件的機率，也會隨之上升，相當不利。原則上，我們會選擇等待股價再次回落，目標是要搶賺從 B 或 C 點起漲的反彈。

不過，如果像 E 點那樣，跌破第二個箱型區間的話，就該認定漲勢已結束，並賣出持股。反之，如果像 D 點一樣，突破了第二個箱型頂部的話，就可視為漲勢仍在持續。此時應進場買股，如已有持股，則應加碼買進，追求更高獲利。

在箱型理論概述的最後，就讓我來介紹兩種容易急拉上漲的箱型突破點。

〈容易急拉上漲的箱型突破案例〉
① 盤整期長
② 股價盤整幅度小

圖 42　運用箱型理論判斷買賣時機

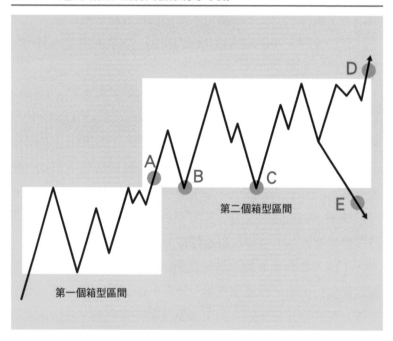

　　圖 43 是維酷(vector，6058)的週線。它從 2014 年 1 月起，經過了約兩年的盤整期之後，創下了股價新高。該公司由於備受市場看好，故自 2013 年到 2014 年初，股價曾有一波大漲。後來在 2014 ～ 2016 這兩年的盤整期當中，業績表現總算追上了股價。接著又因為業績報喜，所以在進入 2016 年之後，又再度創高。這一次創新高之後，維酷的股價在兩年兩個月內，翻漲了三倍以上。

　　養精蓄銳的時間越長，創高時就越容易大漲。

　　圖 44 則是收購二手機車的龍頭企業 Bike O 公司（BIKE O & COMPANY，3377）的週線。如您所見，從 2019 年初到 2020 年 9 月，它的股價形成了一個歷時將近兩年的箱型區間。途中還歷經了疫情衝擊，所以箱型的價格區間是從低點的 116 日圓～高點的 253 日圓，但股價幾乎都是在 175 ～ 210 日圓這個狹窄的區間推移。

　　股價將近兩年都在一個狹窄的區間推移，想必是因為這家公司業績低迷的緣故。

　　像這種股價和業績都持續低迷的公司，竟在 2020 年 9 月 30 日時，因為業績報喜，而帶量突破了長期以來的狹窄箱型區間（A）。後來，Bike O 公司的股價只花了一年，就飆漲到了 1,917 日圓。在此之前，箱型的均價大概是 190 日圓，等於是翻漲了將近十倍。

　　武漢肺炎疫情改變了人們的行為模式，想必這個因素，也

圖 43 容易大漲的箱型突破案例

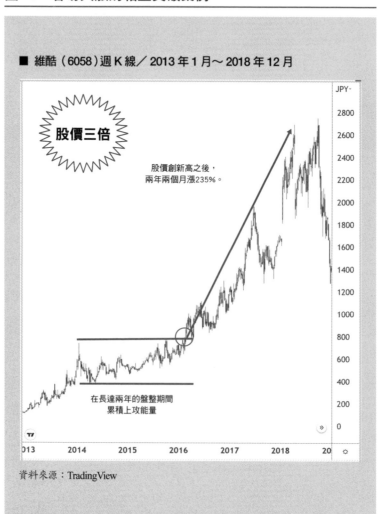

■ 維酷（6058）週 K 線／ 2013 年 1 月～ 2018 年 12 月

股價三倍

股價創新高之後，
兩年兩個月漲235%。

在長達兩年的盤整期間
累積上攻能量

資料來源：TradingView

圖 44　突破長期狹幅盤整的箱型區間後，股價翻漲十倍的案例

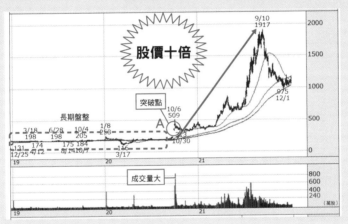

■ Bike O 公司（3377）週 K 線／2019 年 1 月～ 2021 年 12 月

資料來源：「株探」網站（https://kabutan.jp/）

激勵 Bike O 公司的業績迅速復甦，進而帶動股價大漲。**介紹 Bike O 公司這個案例，就是要說明當一檔股價長期都在狹窄箱型區間遊走的個股，在帶量情況下創高時，很可能是因為企業正逢巨大轉變，而股價也比較容易大漲。**

第 **5** 章

實務二
檢視業績，篩選個股

確認營收和營業利益

若已檢視過創新高個股的線圖，並研判個股已達買點時，接下來就要檢視個股的基本面（業績）。首先我們要觀察的，是營收和營業利益。

所謂的營收，就是企業銷售商品、產品，或提供服務所賺得的收入；而營業利益則是營業額減去營業費用的金額。

營業費用是由「銷貨成本」與「銷售及管理費用」所組成[14]。「銷貨成本」是指創造營收所需的製造、採購等之相關開銷，包括材料費、機器設備折舊，以及在工廠服務的員工勞務費等。至於「銷售及管理費用」則是行政部門與業務部門的相關開銷，包括行政及業務部門人員勞務費，業務推廣所需的廣告宣傳費、交際費，和辦公室租金等。換言之，營業利益就是一個呈現企業在本業獲利多寡的數值。

而用營收和營業利益的數值，所計算出來的營業利益率，也是用來衡量經營效率好壞的重要指標。

〈營業利益率的計算公式〉

營業利益率（％）＝ 營業利益 ÷ 營收 × 100

14　此處依作者文字翻譯，但台灣不會將銷貨成本列在營業費用。

　　從計算公式當中可以看出，「營業利益率」這個數值，呈現的是「營業利益占營收的多少百分比」。它的高低，會因行業類別而有很大的差異。不過一般而言，營業利益率越高，就越可以稱為是經營效率出色的事業。

　　比方說 A 公司銷售價值 100 萬日圓的商品，要花 95 萬日圓的營業費用。此時，營業利益就會是 100 萬日圓 － 95 萬日圓 ＝ 5 萬日圓，而營業利益率就是（5 萬日圓 ÷ 100 萬日圓）× 100 ＝ 5%。

　　而 B 公司銷售價值 100 萬日圓的商品，需要的營業費用是 80 萬日圓，所以營業利益是 20 萬日圓，營業利益率是 20%。

　　兩相比較之下，我們就可以說：B 公司的事業經營，比 A 公司來得更有效率。在實際案例當中，A 公司其實只是一家左手買進、右手賣出的批發業；而 B 公司則是從採購原料開始做起，以別家公司無法模仿的高超技術生產產品，並自行銷售，就像是製造零售業（SPA）一樣。兩者的事業模式截然不同。

📈 檢視業績，找出巨大轉變

　　在創新高投資法當中，我們要檢視營收、營業利益、營業利益率，找出企業的巨大轉變。當企業的事業出現巨大轉變時，會反映在各項數值的變化上。只要我們能盡可能在初期階段就察覺巨大轉變，就能跟上後續的「業績成長→股價上漲」。

此外，**檢視企業的基本面，還可幫助我們計算出目標股價**。前面我們介紹過風險報酬，而要判斷報酬（上漲空間）多寡，就必須判斷該檔個股的股價有多少上漲空間。

動手計算目標股價，必然會讓我們更加了解企業的成長布局規劃——因為要計算目標股價，就必須了解企業為什麼業績會成長，營收的來源在哪裡，哪個事業蓬勃發展，哪一項產品暢銷等等。

了解這些事項之後，自然就會明白企業有哪些風險，包括在什麼狀況下業績可能大減，還有與競爭對手之間是否陷入你死我活的過度競爭等。

比方說，有一家經營高級吐司「銀座仁志川」加盟事業（FC）的 OSG 公司（6757），它在高級吐司熱潮崛起之初，就勢如破竹，業績成長大有斬獲。由於它設定了「在全國開設加盟據點」這個成長布局規劃，帶動股價自 2019 年 9 月起，在三個月內飆漲了三倍。

然而，各界開始發現高級吐司是一門好生意，新興高級吐司店如雨後春筍般到處蔓延，市場開始過度競爭，廝殺成一片紅海。「銀座仁志川」的營收銳減，投資人期盼的成長布局規劃也隨之瓦解。

就像這樣，在檢視基本面的同時，也要確認企業的成長布局規劃與風險。

此外，本書最後會介紹一些補充影片，當中也有 OSG 公

司的目標股價計算影片，也請各位搭配本書內容觀賞。接下
來，就讓我來依序說明基本面的檢視方法。

掌握企業的事業內容

　　**當我們用線圖找到股價創新高，且令人很感興趣的個股，
就要著手調查該企業的事業內容等概要**。這裡我會使用「株探」
平台來進行說明，您也可以使用東洋經濟新報社的「公司四季
報 on-line」、摩乃科斯（Monex）證券的「個股探子」等工具。
「株探」和「公司四季報 on-line」當中，有分為可免費閱覽的
資訊，和會員專用的付費資訊；至於「個股探子」則是只要在
摩乃科斯證券開戶，就可以免費使用。

　　那麼，就讓我們來看看具體的內容。比方說，我們要查寶
物工廠（Treasure Factory，3093）這家公司，就到首頁的搜尋
欄，輸入公司名稱「寶物工廠」，或股票代號「3093」，再按下
「搜尋」即可（圖 45）。

　　接著就會跳出「基本資訊」頁面。在這裡，我們只要檢視
一下「公司資訊」的「概要」，就可以發現上面寫著「於首都
圈開設二手商店，品項包括家電、家具、生活雜貨等五花八門
的商品，還開設專賣店」等描述。

　　看過這裡，我們就可以大致了解公司的事業內容。一旁也
會列出公司的官方網址，可跳轉過去進一步了解詳情。

圖45　在「株探」確認公司資訊

資料來源：「株探」網站（https://kabutan.jp/）

　　此外，在頁面上也可以確認個股的題材。以寶物工廠為例，回收、再利用、專賣店、收購轉賣、名牌商品、家飾、體育用品、戶外用品、保障生活、加盟、網路電商、共享經濟、東證重整等關鍵字。

　　既然寶物工廠開設的是二手商品店，可想而知，各式各樣的回收商品都會成為它的題材。此外，由於它銷售的是比全新商品價格更親民的二手商品，所以也會有一些保障生活之類的題材。

　　調查過企業概要之後，再來要確認個股的基本面，這裡有四個重點。

〈確認基本面時的四個重點〉
① 各年度的業績穩定性
② 最近一～兩年的營業利益成長狀況
③ 每季的營業利益與營收成長狀況
④ 營業利益率的成長狀況

　　在確認基本面的過程中，我們要檢視企業的業績表現是否穩定。

　　第一個重點是「各年度的業績穩定性」。具體而言，這裡我們要觀察的，主要是企業的營業利益。檢視過去三～五年的營業利益推移，只要大致維持在 5 ～ 10% 的成長，即可判定

該企業的獲利穩定成長。

　　相反地，如果獲利大幅縮水，就可判定該企業的業績表現不穩定。原則上，就投資標的而言，這種企業並不討喜。

　　讓我們來實際檢視一下。在「株探」網站上點選「財報」標籤，就會跳出過去四年份的業績，以及今年度的業績預估。我們就來看看營業利益的推移（請參閱圖 46）。從圖中可知，寶物工廠過去四年的營業利益，由於受到武漢肺炎疫情的影響，在 2021 年 2 月期[15]大幅衰退。不過，這可以說是影響整個零售業的特殊因素，所以後續在武漢肺炎影響逐漸趨緩後，在評估業績表現時，應可排除不計。相較之下，更值得關注的，是它在 2022 年 2 月期的營收大幅彈升，成長了 24%，營業利益也回復到獲利歷史高點期的水準。如果排除特殊因素來看，寶物工廠的營收每年皆穩定成長，營業利益也緩步上揚。最重要的，是今年營業利益的計劃數值，竟較去年成長 95%，是很值得加分的亮點。

　　反之，營業利益震盪劇烈、獲利與虧損交互出現的公司，就可以說是顯然缺乏穩定。**業績波動性越高，就會拉低外界對企業的評價，個股便無法贏得投資人──尤其是法人大戶的青睞，股價往往會呈現上攻無力的趨勢。**

15　2020 年 3 月 1 日至 2021 年 2 月 28 日

「營業利益成長率 10%以上」是基本門檻

第二個檢核重點，是「**最近一～兩年的營業利益成長狀況**」。若使用摩乃科斯證券的「個股探子」，平台上就會呈現營業利益的成長率，還有匯整每季、每個類股的數據資料。功能強大到讓人簡直忘了它是免費軟體，所以我也很愛用。

此外，這個資訊在「株探」免費版雖然沒有，但在「株探付費版」當中可以找得到。我個人希望盡可能一站式檢視數據資料，所以也會用株探付費版。兩者視情況搭配使用。

言歸正傳。我們就用摩乃科斯證券的「個股探子」，來檢視寶物工廠的數據資料（圖 46）。它在 2022 年 2 月期的營業利益成長率是 838%（A）。可想而知，這裡因為是反映疫後復甦，所以才會出現這種異常值。同樣的，我們可以從圖表中看到營收成長是 24%（B），所以可見寶物工廠的獲利成長，確實有營收支撐。

接下來，我們看到它在 2023 年 2 月期的營業利益計劃值，是要成長 95%（C）。此時它已上調過兩次目標，看得出成長率的確是相當高。同樣的，我們也可以看到營收的計劃值，是要成長 13%（D），所以可以確定今年的獲利成長，一樣也會有營收支撐。

創新高投資法所投資的個股，基本上都是成長股，**所以營**

圖 46　檢視各年度業績

■ 寶物工廠（3093）的各年度業績推移（摩乃科斯證券　個股探子）

財報期間 ▲	營收 ▲	（去年比） ▲	營業利益 ▲	（去年比） ▲	
2008/02	3,372	23.1%	237	48.1%	
2009/02	4,242	25.8%	221	-6.8%	
2010/02	5,230	23.3%	358	62.0%	
2011/02	6,347	21.4%	392	9.5%	
2012/02	7,205	13.5%	570	45.4%	
2013/02	7,984	10.8%	628	10.2%	
2014/02	9,129	14.3%	709	12.9%	
2015/02	10,682	17.0%	955	34.7%	
2016/02	12,216	14.4%	1,086	13.7%	
2017/02	13,325	9.1%	734	-32.4%	
2018/02	16,431	23.3%	621	-15.4%	
2019/02	17,737	7.9%	905	45.7%	
2020/02	19,123	7.8%	939	3.8%	
2021/02	18,735	-2.0%	106	-88.7%	
2022/02	23,313	24.4% B	995	838.7% A	
2023/02（預估）	26,514	13.7% D	1,943	95.3% C	

資料來源：摩乃科斯證券

業利益成長率至少要有 10%，通常則是以「20% 以上」作為門檻。就「寶物工廠」這個例子來看，它很輕鬆地就跨越了門檻。

　　一般而言，營業利益的成長率，當然也會受到經濟環境的影響。當景氣惡化時，獲利成長率就會萎縮；景氣好轉時，獲利成長率就會呈現上揚趨勢。不過，當中也有一些不易受到景氣影響的企業。尤其在大環境行情嚴峻時，這些企業會顯得格外醒目。而我在找尋的，都是營業利益成長率達 30% 以上的公司。

　　我再重新整理一下：挑選投資標的的基準之一，就是個股**最近一～兩年的營業利益成長率，原則上要達到 20% 以上，最少也要跨過 10% 以上的門檻，最好則是希望達到 30% 以上。**

確認每季的營業利益是否都較去年同期成長 20% 以上

　　第三個重點，是觀察以季（三個月）為單位的營業利益和營收成長。

　　觀察重點在於檢視最近兩、三季的績效，看看營業利益是否較去年同期成長 20% 以上；同樣的，還要確認營收是否成長 10% 以上。

　　其中最重要的，就是最近這一季的業績。股價的推移起伏，都反映了未來的業績。因此，在預估未來業績表現時，最

近的數據資料最為重要；而市場參與者最關心的，也是最近的
業績。

最近兩、三季的同期比成長率，可在摩乃科斯證券的「個
股探子」平台上看得到（圖 47）。以寶物工廠為例，最近三季
的營業利益成長率，分別是 295%、123% 和 225%（A），好得
無話可說；而營收成長率則是 21%、18%、20%（B），連三季
成長，也符合條件。

第四個項目是**營業利益率的成長狀況**。首先，我們要檢視
全年度的業績表現，是否較去年同期成長。

從「株探」的「財報」標籤當中，點選「本年度業績預估」
的「收益性」標籤，就能看到個股最近三年的營業利益率走勢
（圖 48）。就寶物工廠這個案例而言，2021 年 2 月期的營業利
益率是 0.57%，2022 年是 4.27%，而 2023 年 2 月期的預估則
是 7.33%，看得出已漸有改善。既然企業的經營效率已逐年提
升，想必股價上漲可期。

接著，我們再以同樣的方式，確認季度（三個月）財報（圖
49）。在株探的三個月財報資料上，營業利益率是以「売上営
業損益率」的名稱呈現。只要這個數值對去年的同期比上升，
就是一個可喜的趨勢。

寶物工廠在 2022 年 6 ～ 8 月期的營業利益率為 3.9%，較
2021 年 6 ～ 8 月期的 –3.7% 已有明顯改善。此外，再往前一
季，即 2022 年 3 ～ 5 月期的營業利益率 11.4%，也比 2021 年

圖 47　檢視各季度業績

■ 寶物工廠（3093）的各季度業績推移（摩乃科斯證券　個股探子）

財報期間 ▲	類別 ▲	營收 ▲	（去年比）▲	營業利益 ▲	（去年比）▲
2017/11	Q3	4,359	30.9%	303	25.2%
2018/02	年報	4,356	9.1%	161	10.3%
2018/05	Q1	4,354	8.6%	306	28.6%
2018/08	Q2	3,953	6.7%	-63	22.2%
2018/11	Q3	4,705	7.9%	401	32.3%
2019/02	年報	4,725	8.5%	261	62.1%
2019/05	Q1	4,746	9.0%	387	26.5%
2019/08	Q2	4,320	9.3%	-8	87.3%
2019/11	Q3	4,995	6.2%	336	-16.2%
2020/02	年報	5,062	7.1%	224	-14.2%
2020/05	Q1	3,959	-16.6%	-221	-157.1%
2020/08	Q2	4,418	2.3%	-42	-425.0%
2020/11	Q3	5,051	1.1%	264	-21.4%
2021/02	年報	5,307	4.8%	105	-53.1%
2021/05	Q1	5,668	43.2%	343	255.2%
2021/08	Q2	5,068	14.7%	-188	-347.6%
2021/11	Q3	6,150	21.8%	425	61.0%
2022/02	年報	6,427	21.1%	415	295.2%
2022/05	Q1	6,733	18.8% B	766	123.3% A
2022/08	Q2	6,092	20.2%	236	225.5%

資料來源：摩乃科斯證券

圖48 檢視全年度營業利益率

■ 寶物工廠（3093）的財報資訊（株探）

全年	業績推移	修改紀錄	成長性	收益性			Q1	Q2	Q3	Q4
	財報期間	營收	營業利益	營業利益率	ROE	ROA	總資產週轉率	修正每股盈餘		
		△顯示2006年2月期～2020年2月期								
合併	2021.02	18,735	106	0.57	-3.01	-1.35	1.89	-11.9		
合併	2022.02	23,313	995	4.27	15.62	6.33	2.10	62.8		
合併 預估	2023.02	26,514	1,943	7.33	22.86	9.53	2.07	109.4		
		▽顯示2006年2月期～2020年2月期								

資料來源：「株探」網站（https://kabutan.jp/）

圖49 檢視各季度營業利益率

■ 寶物工廠（3093）的財報資訊（株探）

三個月財報（實績）	業績推移	成長性			Q2	Q3	Q4	Q1	Q2
財報期間	營收	營業利益	經常利潤	本期淨利	修正每股盈餘	營業利益率	公布日		
	2020年6-8月期以前的業績數據，是株探付費版的內容。								
	》》申辦「株探付費版」								
	※付費會員請登入								
	▽關閉								
20.09-11	5,051	264	284	191	16.9	5.2	21/01/13		
20.12-02	5,307	105	112	-59	-5.3	2.0	21/04/14		
21.03-05	5,668	343	366	245	21.9	6.1	21/07/14		
21.06-08	5,068	-188	-185	-200	-17.9	-3.7	21/10/13		
21.09-11	6,150	425	438	287	25.6	6.9	22/01/13		
21.12-02	6,427	415	435	371	33.3	6.5	22/04/13		
22.03-05	6,733	766	786	532	47.9	11.4	22/07/13		
22.06-08	6,092	236	246	133	12.9	3.9	22/10/12		
去年同期比	+20.2	黑転	黑転	黑転	黑転	(%)			

資料來源：「株探」網站（https://kabutan.jp/）

3 ～ 5 月期的 6.1% 成長許多。甚至再往前一季，也就是 2021 年 12 ～ 2 月期，也有同樣的趨勢。

如果再更進一步分析，最近的 2022 年 6 ～ 8 月期，營業利益率僅 3.9%，若能優於上一季度，即 2022 年 3 ～ 5 月期的 11.4%，當然更理想。不過，若考量夏季銷售單價普遍下降的季節性因素，便可判定這還算是在可接受的範圍內。

以上為各位介紹的是最基礎的基本面確認方法。請各位在操作時，務必隨時留意以下三點：

〈進行基本面分析時應留意的三大重點〉
- 有多少獲利？（收益性）
- 能持續到什麼時候？（持續性）
- 有多少程度的把握？（確實性）

要做這些分析，有沒有看過企業公布的財報說明資料或影片，或讀過決算短信 [16]、有價證券報告書 [17] 等，便顯得格外重要。它們都可在企業的官方網站上取得，**也就是所謂的第一手消息，是最重要的資訊。遇有任何疑問時，如有需要，都可向**

16　一種財報摘要，類似我國的自結財務資訊。以年報為例，日本規定上市公司須於關帳後四十五日內公告決算短信，但建議於三十日內公告。

17　類似我國的年報。

企業的投資人關係部門洽詢。

此外，《公司四季報》或分析師報告，都可以用來作為輔助工具。這些都是透過分析師個人主觀所提出的意見，也就是所謂的第二手消息，重要性相對較低。不過，證券分析師的報告，多半是確實訪談過企業，並經一定程度的深入分析後所寫成。因此，從參考觀點，或用它們來檢視自己的分析有無疏漏之處等層面而言，這些工具都是有用的。然而，分析師畢竟也是血肉之軀，所以難免會出錯。二手消息頂多只能當作參考，基本上還是要由您自己查詢資料、深思熟慮後，再做出投資判斷——這一點應該不必我贅述。

財報說明會的資料或影片，都會上傳到企業官方網站上的「投資人關係」頁面。從「株探」平台的企業專頁，點選「新聞」→「公開資訊」，也可以找得到。至於分析師報告，則可在您開設證券帳戶的券商網站，或「證券調查中心」（https://holistic-r.org/）、「分享調查」（https://sharedresearch.jp/ja/companies）等平台瀏覽。

並非每一檔個股都會有公開的分析師報告。懂得檢視前述這些資料，**自行評估公司未來的發展潛力，對投資人而言至關重要**。

若企業將來業績會成長，那麼股價便有望看漲。而能帶動漲勢的，就是企業的巨大轉變。換言之，當企業發生某些重大變化時，業績就可望大幅成長。

一般而言，所謂的巨大轉變，包括以下這些事項：

〈巨大轉變的案例〉
● 新產品、新服務、新業態、新技術
● 新事業
● 併購（M&A）、入股與業務合作
● 新經營團隊
● 政府或日本央行政策

建議您不妨調查一下個股過去曾因什麼樣的巨大轉變而上漲。圖 50 是我挑選日本政府自 2012 年實施安倍經濟學之後，股價上漲最多的前十五檔個股，統計期間是自 2012 年 11 月 15 日至 2017 年底。而當中的每一檔個股，都呈現了高達三十九倍以上的上漲波動。

這裡我要請您特別關注的是：**股價究竟是因為什麼題材而上漲**。以漲幅排名第一的胡椒食品服務（Pepper Food Service）為例，它的股價在這段期間翻漲了八十六倍，至於它的巨大轉變，則是它發展了新業態「立食牛排館」。而漲幅排名第二的「Remixpoint」，則是因為啟動了虛擬貨幣的相關服務，股價才翻漲了八十倍。

至於股價翻漲七十三倍、漲幅排名第三的 dip，則是一家提供人力資源服務的公司。正好當時工作型態改革與人力不足

圖50 股價因安倍經濟學而大漲的各企業，曾經歷的巨大轉變案例

■ 漲幅前十五名（統計期間：2012 年 11 月 15 日至 2017 年 12 月 31 日）

排名	股票代號	個股名稱	最高漲幅（倍）	業種	巨大轉變
1	3053	胡椒食品服務	86.3	批發業	新業態「立食牛排館」
2	3825	Remixpoint	80.1	資通訊業	「虛擬貨幣」相關服務
3	2379	dip	73.2	服務業	人力資源服務
4	8462	Future Venture Capital	55.3	證券、期貨交易業	看好投資標的
5	6264	Marumae	52.5	機械設備	半導體／液晶顯示器製造設備相關零件加工
6	6871	日本美科樂電子	50.0	電子設備	新技術「量子電池」
7	7575	日本來富恩	49.3	批發業	轉型為製造商與新產品
8	2484	出前館（原：夢之街創造委員會）	48.6	資通訊業	專業餐點外送網站「出前館」
8	3653	摩爾圖像科技	48.6	資通訊業	智慧型手機專用照片、影片處理軟體
10	4667	AISAN TECHNOLOGY	45.8	資通訊業	位置資訊相關服務
11	3782	DDS	45.0	資通訊業	指紋等生物辨識軟體、設備
12	2497	UNITED	40.7	服務業	網路廣告與手機遊戲
13	3252	地主（原：日本商業開發）	40.6	不動產業	地主事業
14	4777	GALA	39.8	資通訊業	看好新遊戲《Flyff All Stars》
15	3854	I'LL	39.4	資通訊業	電商系統

等問題，在日本社會掀起話題，政府也祭出了各式各樣的政策。而 dip 公司所經營的計時人員求職網站「baitoru」和人力派遣資訊網站「hatarako net」，則成了推動公司成長的引擎。此外，dip 公司還請到知名偶像團體 AKB48 拍攝電視廣告，2014 年 8 月時，更透過「baitoru」平台公布「AKB 工讀生」企劃，以工讀生形式召募 AKB48 正式成員等，都成功製造話題。這些努力，也使得 dip 的業績快速成長，激勵股價飆漲。

　　分析以往股價翻漲十倍以上的企業，就能找到日後挖掘十倍股時的線索。

第 6 章

實務三
讓獲利極大化的
資金管理「五分法」

時時想著能在股海求生的策略

如果您已經做完基本面分析，並且選出了投資標的，接下來就要下單買進。不過，我們的主要投資標的──成長股的股價變動劇烈，因此風險管理便成了最重要的議題。風險管理是我們投資股票之際，最重要、也是最不可或缺的事項。一旦風險管理出了錯，最壞的打算，恐怕得要退出股市。

一般認為，真正在股市獲利的投資人，比例僅占整體的10%，剩下的90%都虧損（或慘賠），或頂多就是勉強打平。既然我們要和投資專家站在同一個擂台上，就要有「這個世界很凶險」的體認。請您先以「求生」為第一優先，之後再考慮獲利。在股海求生的策略，有三個重點：

〈股海求生策略的三大重點〉
- 分散投資標的
- 分散進場時機點（分批進場）
- 停損

這裡我要介紹雷夫・文斯（Ralph Vince）所做的一項實驗。

他在一個摸彩箱裡放入六個中獎、四個沒中獎的籤。若抽到中獎籤，賭金就能變成兩倍；抽到沒中獎的籤，賭金就會被沒收。每位參與遊戲的玩家有100日圓的本金，可抽一百次

籤，至於每次下注的賭金多寡，可由玩家自行決定。在抽完一百次之後，手邊現金最多的人就是贏家。

既然在十個籤當中有六個中獎籤，所以中獎機率就是60%。當遊戲勝率低於 50% 時，玩家參與越多次，虧損就會越嚴重。而在這個例子當中，遊戲勝率有 60%，所以玩的次數越多，基本上獲利就會越多。

然而，實際上參與這個遊戲的四十位玩家當中，有三十八人（95%）都賠了錢，甚至還有人把本金都賠光，宣告破產……這個教訓告訴我們：就算勝率再高，只要每次平均下注的賭金金額出錯，最後就會以慘賠收場。

最有效率的投資標的分散法，就是五分法

換言之，「分散投資」非常重要。而在創新高投資法當中，重視的是分散投資標的和進場時機。

此外，原本以為股價會漲才進場投資，沒想到卻跌跌不休時，要啟動停損，以避免損失災情擴大。

比方說，如果第一次下注，就貿然把手上有的 100 日圓全都掏出來，那麼要是沒中獎，玩家就會當場破產。就算分成兩次下注，每次投入 50 日圓，那麼只要連著兩次都沒中獎，玩家就會破產。

　　究竟賭金該如何分配，才能創造更好的投資效率呢？答案是**每次投入現有資金的 20%，也就是將資金分成五份**。如此一來，就算真的四連敗，也還不至於破產。根據計算，以每次投入 20% 資金的方式，摸彩一百次，結果最後資金將翻漲為原本的七倍以上。

　　還有，在分散投資標的時，**我們也會採用這個五分之一規則──最多選五檔個股作為投資標的，分散投資，且投入每一檔個股的資金，也都分成五份，分五次進場買股**（圖 51）。

　　分散投資五檔個股，就能相當程度避免遭遇無關股市大盤表現、僅個別企業才有的風險重創。萬一我們投資的企業不幸遭逢重大意外或嚴重弊案，有時股價可能會大跳水，所以要分散投資標的，避免受到毀滅性的打擊。

　　投資標的越分散，分散風險的效果就越好。可是，散戶用在投資上的時間很有限，尤其另有正職工作的散戶，只要持股超過十檔，光是要做到追蹤個股每季公布的財報內容等管理，就會疲於奔命，無力負擔。再者，投資標的過於分散，會使投資表現趨於平均化。說得誇張一點，「日經平均股價指數」其實就是一種針對兩百二十五檔個股所做的分散投資。因此，過度分散的投資，會讓投資績效表現回到與主要股價指數相近的水準。既然我們要運用更有效率的投資方法，建議散戶還是以分散投資五檔左右為宜。

　　此外，經常有人這樣問我：「**如果我的投資預算有限，無**

法分散投資五檔個股，那該怎麼辦？」比方說我們沒有 500 萬日圓的投資預算，只有 100 萬日圓可供操作時，如果分散投資五檔個股，平均一檔分配到的金額，就只有 20 萬日圓，買得到的個股很有限。遇有這種情況時，**請您優先投資心目中理想的標的即可，不必拘泥是否分散投資五檔**。有時我們或許只會分散投資兩、三個標的，總而言之，重點在於「分散投資，降低風險」。

進場時機也要分五次

　　另外，投資在一檔個股上的資金，也要分成五份，分五次買進。比方說，如果我們可用於投資股票的總資金是 500 萬日圓，分散投資五檔個股的話，平均可投入每一檔個股的資金就是 100 萬日圓。而這筆資金還要再分五次進場，所以平均每次買股的投資金額上限，就是 20 萬日圓。

　　實際進行投資操作時，只要虧損達 10%，就要啟動停損。

　　一開始先投資 20 萬日圓，如果跌掉 10% 就停損，就等於是損失 2 萬日圓，占總資金 500 日圓的 0.4%，可說只是一點小擦傷。

　　第一次買進所花的 20 萬日圓，其實是在試水溫——先拿出五分之一的資金，實際投資某一檔個股，以便確認自己的投資行為是否正確。如果在買進後股價上漲，帳上出現未實現獲

圖 51　用五分之一規則進行資金管理

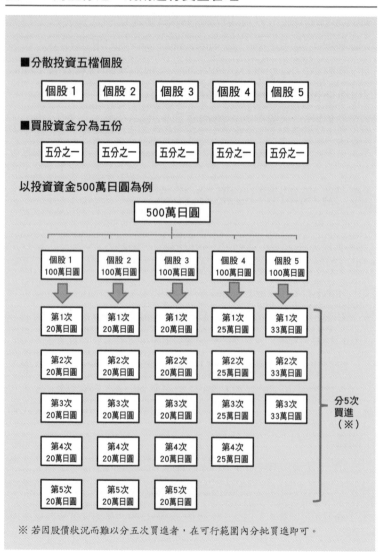

■分散投資五檔個股

| 個股 1 | 個股 2 | 個股 3 | 個股 4 | 個股 5 |

■買股資金分為五份

| 五分之一 | 五分之一 | 五分之一 | 五分之一 | 五分之一 |

以投資資金500萬日圓為例

500萬日圓

個股 1 100萬日圓	個股 2 100萬日圓	個股 3 100萬日圓	個股 4 100萬日圓	個股 5 100萬日圓
第1次 20萬日圓	第1次 20萬日圓	第1次 20萬日圓	第1次 25萬日圓	第1次 33萬日圓
第2次 20萬日圓	第2次 20萬日圓	第2次 20萬日圓	第2次 25萬日圓	第2次 33萬日圓
第3次 20萬日圓	第3次 20萬日圓	第3次 20萬日圓	第3次 25萬日圓	第3次 33萬日圓
第4次 20萬日圓	第4次 20萬日圓	第4次 20萬日圓	第4次 25萬日圓	
第5次 20萬日圓	第5次 20萬日圓	第5次 20萬日圓		

分5次
買進
（※）

※ 若因股價狀況而難以分五次買進者，在可行範圍內分批買進即可。

圖 52 投資資金為 100 萬日圓時的分散案例

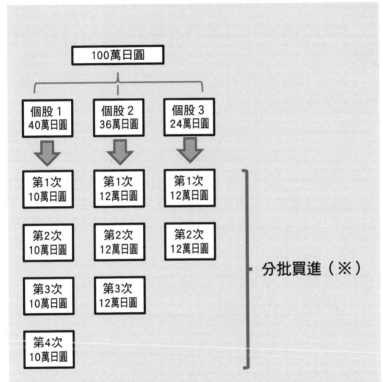

※ 若難以分散投資五檔個股，就在可行範圍內分散投資即可。此外，若因股價
因素而難以分五次買進時，就在可行範圍內分批買進即可。

利，那就表示這次買進是正確的，可再投入五分之一的資金，加碼買進。

如於試水溫階段就已經出現未實現損失，千萬不要再加碼買進。

另外，還有一個經常有人問的問題：如果平均可投入每一檔個股的投資預算很有限，無法分五次進場的話，該怎麼辦？比方說平均可投入一檔個股的預算是 20 萬日圓，若分五次進場，則平均每次可投入的資金僅 4 萬日圓，買得起的標的就會變得非常有限。這時其實也**不必拘泥分五次進場，請隨時記住「盡可能分批進場，降低風險」的觀念**。如果真的分不了五次，分兩、三次進場也無妨（圖 52）。

🏔 透過「試水溫」來確認自己的判斷是否正確

「試水溫」的意義，就是要釐清自己的判斷是否正確。如果試水溫買進後，帳上出現未實現利益，就可以證明自己的判斷正確；如果出現未實現損失，就表示自己的判斷很可能有誤，應於事前預設的停損點停損。以我個人為例，**虧損的預設最大容許值是 10%，但如果股價已跌破技術面的支撐線，即使虧損僅達 5%，我也會選擇停損**。

所謂的試水溫，換言之就像是在查看水溫冷熱。最近的浴

缸可以輕鬆調整水溫，或許已不再需要查看洗澡水的水溫冷熱；若是像以前那樣燒柴煮熱水，那麼在跳進浴缸前，一定要先把指尖放進水裡，確認水溫是冷還是熱。

　　如果是溫度剛好，我們就可以放心地下水泡澡，「試水溫」就像是把指尖放進股市，確認水溫冷熱是否合宜的行為。**先試過水溫之後，就能大幅降低「一轉眼就慘賠」的風險**。如果像個孩子一樣貿然跳進浴缸，泡了水才發現水溫滾燙的話，恐怕會全身嚴重燙傷。為避免發生這樣的慘劇，所以我們才要試試水溫，審慎行動。

　　用比例來決定每次進場布局的資金多寡，而不是金額數字，其實還有另一個功能──**不論當下的投資績效是勝是負，每次進場買股都用五分之一的金額，所以就算持續虧損，平均每一檔個股的投資上限就會變小。這一點也很重要**。

　　比方說，一開始我們有 500 萬日圓的投資資金，但因虧損而減為 400 萬日圓。那麼下一波進場交易時，每一檔個股的平均預算就是 400 萬日圓 ÷ 5，即 80 萬日圓。接著再將它分成五份來投資，所以平均每次買進一檔個股的投資資金是 16 萬日圓。這樣一來，即使試水溫失敗，在虧損 10% 時啟動停損，那麼損失金額就是 1.6 萬日圓。相較於原本投入 500 萬時會發生的 2 萬日圓虧損，投入 400 萬時，損失金額可縮減到更低──這一點非常重要，因為它是一套行情越差、損失越少的機制。

　　反之，如果我們投資得利，總資金增加到 600 萬日圓，那麼平均可投資在每一檔個股的金額就是 120 萬日圓，每次可進場布局的金額則是 24 萬日圓。若於虧損 10% 之際停損，則損失金額為 2.4 萬日圓；若投資成功，則可賺進更可觀的利益，是一套行情越好、越能放大獲利的機制。

　　這裡我匯整買進（進場買股）的規則如下：

〈買進的規則〉

① 第一次進場買股時，用投資金額上限的五分之一來試水溫。

② 帳上出現未實現利益時，再於合適時機加碼買進，每次投入五分之一資金。

③ 若最初買進的部位出現未實現損失，就不再加碼買進。

④ 萬一錯過進場時機，就等股價回落到原先想買進的價位附近時，再搶賺反彈行情，或等待下一個買進時機到來。

📈 判斷「停利時機」的規則

　　接著，我們要確認的是持股的賣出時機。如前所述，若持股在帳上出現未實現損失時，至多虧損 10% 就要停損。我想很多讀者白天都有工作要忙，無暇盯盤，因此，為避免虧損超出預期，建議您可以預先下好「條件單」。

　　所謂的條件單，就是「股價達○○日圓以下就賣出」的下單方法。比方說，如果我們以 500 日圓股價買進一檔個股，虧損 10% 就是 450 日圓。只要我們預先設定「股價若達到 450日圓以下，就以市價賣出」，便能落實停損。

　　接著，平時若股價跌破箱型底部，原則上就要全數賣出──因為這表示個股很可能已經走完上漲格局，改轉入下跌格局。不過，像這樣的技術分析，並不會 100% 正確，股價也有可能在破底後再彈升。若您的持股獲利相當豐厚，拿不定主意時，不妨先賣出三分之一或一半持股，再觀望一下股價走勢也行。

　　股價飆漲時，要觀察是否在高價區出現三空[18]，或出現近年來最大的成交量，再賣出持股。基本上我們是根據技術分析來判斷是否賣股，即使是在傳出財報告捷等利多消息的情況下，由於後續要出現更大利多的機率很低，所以實質上就等於是利多出盡。還有，如果企業預估明年起獲利將衰退，也要趁著股價飆漲時賣出。另外，如果個股傳出利空消息，且衝擊到您選擇買進該檔個股的原因時，也要馬上賣股。即使是縱橫股海的老手，「判斷何時該賣出」仍是一門相當困難的學問。雖說賣出時機要依個案評估，不過基本上，就是以「跌破箱型底部就賣出持股」為原則。

18　日本古代的技術分析工具「酒田五法」之一，意指連續出現三個跳空缺口。

　　我想這裡應該有些比較不容易理解的地方，就讓我們透過實際的交易案例，來說明買股、賣股的時機。不過，這個案例，其實我在過程中還做了一些不必要的交易，但逐一說明會讓事情變得更不容易理解，所以我會省略這些枝節，盡可能用簡明易懂的方式來說明。

　　圖 53 是我買賣雷泰光電（Lasertec，6920）股票的案例。在半導體檢查設備領域當中，雷泰擁有全球市占率 100% 的產品，並採取全球利基型（Global Niche Top）策略，收益性表現相當優異。圖中呈現的，是它走過 2020 年 3 月的疫情衝擊，開始復甦的格局。

　　第一次是在 4 月 8 日，股價突破作弊區時買進。儘管之後盤整了一星期，不過，這裡要請各位留意：盤整期間儘管股價下跌，但成交量萎縮很多。這就是賣單已經枯竭的證據。緊接著股價又突破了杯柄，於是我又二度進場（加碼買進）。

　　後來，股價又在高價圈盤整了將近兩週。到了 4 月 30 日，雷泰在第三季財報當中，公布上調接單預估，股價遂跳空衝上了高價區。其實我本來還打算三度進場（加碼），結果股價就從整理突然開始大幅跳空。當時我考量風險，決定等股價回落到突破點，孰料雷泰就這樣一路漲了上去，非常可惜。儘管沒有買足預期的股數，但由於股價走勢持續出現上漲波，所以我便決定開始思考獲利了結的時機。

　　後續股價順利上漲，我的未實現利益逐步增加，較能從容

面對股價，可容許些微波動。不過，當我看到 6 月 30 日時，雷泰在高價圈出現了一個帶量的大黑 K，7 月 10 日更從高價圈吐回漲幅，跌回前一波的箱型之後，便拉高了警戒。基本上，在跌破 7 月 3 日的低點 9810 之後，就等於是確定跌破箱型，所以這個價位就是最底限的撤退點。

這時，我又在雷泰的同業 —— 荷商艾司摩爾公司（ASML，美國那斯達克上市公司）的財報內容上，得知它的接單餘額大幅下滑，便覺得這對雷泰而言，絕非事不關己，於是又更提高警覺。到了 7 月 17 日，在前一個交易日已經跳空下跌的情況下，當天開盤又跳空下跌，我就不再勉強硬撐，直接出清持股，獲利了結。

就結論而言，這次操作歷時一百天，獲利為 84%，以年化報酬率來看則是 306%，堪稱是一波相當有效率的投資。儘管買進數量未達目標，但絕不勉強買賣，讓我賺進了這筆金額高達 3,000 萬日圓的獲利。

在此我僅再次整理賣出的規則如下：

〈賣出的規則〉

● 股價觸及事前訂定的停損點時，隨即停損（至多虧損 10%）。

● 平時的規則：原則上只要跌破箱型就出清持股。

● 大漲時的規則：在高價圈出現三空，且成交量增加時，就先賣出持股。

圖 53　雷泰光電的操作案例

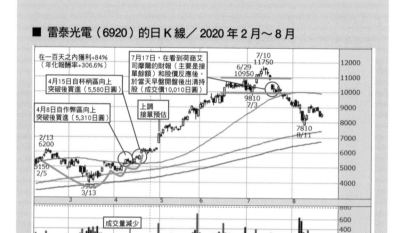

■ 雷泰光電（6920）的日 K 線／ 2020 年 2 月～ 8 月

資料來源：「株探」網站（https://kabutan.jp/）

● **出現利空消息時的規則：若出現嚴重影響買進原因的消息時，就立即賣出。**

前面我們介紹了創新高投資法的基本概念，不過，**懂得先拿出些許金額實際投入操作，是一大關鍵**。有些個股只要拿出 10 萬、20 萬日圓，也能進場投資，從這樣的金額開始起步也無妨。

以下我會呈現資金管理的範例。剛開始接觸投資的人，想必預算相當有限，甚至也有很多人到了實際要開始進場交易，才發現分五次買進的難度很高。在這種情況下，**請您在實際操作時，記住不論是投資標的或進場時機，都只要盡可能做到分散即可**。

即使是握有較大筆資金的人，建議還是先拿出些許金額，實際進場操作，直到確定可以獲利，再拉高投資金額。

開始投資之後，就要懂得自行回顧每次買賣操作，反省缺失，並找出有待改善之處，才是在股市成長的捷徑。因此，**建議各位不妨寫一份投資日記，在買進時記錄買進原因、價位、股數，以及停損點、賣出條件等**。

不寫投資日記，有時難免會忘記當初是為什麼買進。將這些內容化為文字記錄下來，有助於整理自己的想法，有時甚至還會從中察覺自己在前置調查上的不足之處。

還有，操作過一檔個股，完成一波交易之後，懂得「用數

字回顧交易過程」也很重要。透過數字確認損益，就能找出有問題的交易操作。接著，建議您不妨拿出日 K、週 K 線，在上面標記買點、賣點，回顧自己是否其實曾有機會以更理想的方式操盤。尤其是那些慘賠的交易，應該更能讓我們從中學到許多教訓。您會從中找到自己還有待改善的地方，而它們都是您在書籍或講座當中，絕對找不到的內容。這件事做起來，或許就像是在傷口上灑鹽。然而，找個心平氣和的時間，勇於直視這些真相，對您的成長一定會有幫助。

　　反省投資操作時，請您務必想一想自己有哪些還待改善的地方。賠了錢的投資操作，要想想該怎麼做才能減少損失；成功獲利的操作，要想想該怎麼讓獲利更豐厚。接著再把這些發現寫進投資筆記本裡，應用在下一次的投資操作上。這一套「執行 ⇒ 檢討 ⇒ 改善 ⇒ 執行」的循環，最好每一季進行一次，至少每年要做一次。創新高投資法的優點之一，就是它能讓我們很快速地推動這個循環。如此一來，您的投資實力就能獲得突飛猛進的成長。

第 7 章

實務四
用業績預估和目標股價
來找出賣股時機

🏦 投入資金越多，業績預估就越重要

如果用技術分析找到候選投資標的，就要確認業績，估量股價還有多少上漲空間。說得更具體一點，其實就是要預測該企業三年後的樣貌（業績），並計算出目標股價。

我們的主要投資標的，多半是沒有券商分析師追蹤的中小型股，絕大多數也都沒有可供參考的分析報告——正因如此，才會有我們散戶投資獲利的空間。所以，目標股價要靠自己動手計算。

順帶一提，散戶愛用的《公司四季報》上，也會刊登上市公司明年度的業績預估。這個數字，是《公司四季報》以企業公布的當年度預估為基礎，自行預估、計算而來。它的準確度會因記者個人經驗、判斷，而有所不同，況且還是透過「記者」這層濾鏡的第二手消息。懂得把《公司四季報》的預估數字當作參考，再試著自己預估，至關重要。

自行預估個股企業的業績，主要有三大優點：

〈預估個股企業業績的優點〉
① 看得到其他投資人看不到的資訊
② 投資操作更有把握
③ 更能妥善地判讀每季財報上出現的數字

當我們為了預估業績而堆疊各種數字時，就會發現很多過去沒有察覺的事。這個習慣，可幫助我們搶先其他投資人，提前發現企業的出類拔萃之處，故可成為一大優勢。

預估當然有其極限，也可能發生超乎預期的狀況，所以過度相信預估數字，還是有風險。不過，「預估」這件事本身就很有意義。

其實當年我在東證一部（現稱為主要市場）上市公司服務時，就曾負責預估業績的工作。因此，我對於業績預估的準確度，有非常切身的了解。實際上，就連公司的董事長，都不知道自家公司能否達成當年度的業績預估。

儘管各行各業的情況各有不同，但企業總不免面臨材料費劇烈變動、匯兌因素等衝擊，或是在售價上與顧客激烈交鋒的業界傳統，甚至是處於前期投資階段等，**變因五花八門，即使是當事人自己所屬的公司，都很難細膩地逐一掌握。換言之，預估是有極限的。**

這種連當事人都掌握不了的業績預估，由外部的第三人來做，要精準命中的難度很高。不過，**即使如此，「動手做」還是很有意義。**

此外，當我們投資在一檔個股上的金額越多，業績預估就越重要。說得極端一點，倘若我們投資在一檔個股上的金額只有 10 萬到 100 萬日圓左右，那麼即使沒有深入查詢資料就貿然進場，導致投資失敗，都還有機會重新來過。

可是，隨著投資實力提升，我們的投資金額，也會不斷地朝 500 萬、1,000 萬、5,000 萬，甚至是 1 億日圓升級。屆時，**我們要在有一定把握的狀態下進場投資，而懂得如何自行預估公司業績，便顯得格外重要。**

雖然上市公司每一季都會公布財報，但自己動手預估這些公司的業績之後，我們就有能力去判斷公司的表現優劣。

在看到企業公布的財報之後，我們可以更迅速地判讀它是否符合自己預期的進度，經營上有無特殊問題，以及是否符合公司規劃進度、關鍵事業表現好壞等。

當公司業績風生水起時，當然沒有問題；但如果財報出爐，數字看來不太對勁時，我們就比較方便打電話到公司的投資人關係部門，仔細詢問詳情。能像這樣搶先其他投資人採取行動，也是我們自行預估業績的一大優點。

目標股價的計算方法

稍後我會具體地說明預估業績的方法。這裡我要先介紹的是計算目標股價的方法。比方說有一家 A 公司，「目前業績」和「三年後的業績預估」如下所述。我們就用這個例子，一起來想一想吧！

■ A 公司的基本資料

目前股價　1,500 日圓

發行股數　3,000 萬股

總市值　　450 億日圓

目前營業利益　15 億日圓

三年後的營業利益（預估）30 億日圓

　　在創新高投資法當中，我們計算目標股價的方法，採用的是「可類比上市上櫃公司法」。除了這個方法之外，其實另有現金流量折現法（Discounted Cash Flow method，簡稱 DCF）和股利折現模型（Dividend Discounted Model，簡稱 DDM）。不過，對散戶而言，可類比上市上櫃公司法最簡單易懂又實用，況且它還可以為了反映市場評價而放大視野，較能預防過大的偏差，也是一大優點。在可類比上市上櫃公司法當中，有人會用本益比，也有人用 EV/EBIT 倍數等。而這裡我們選用的，是 EV/EBIT 倍數。本益比是以稅後的最終利潤為基礎，所計算出來的數字；而 EV/EBIT 倍數則是以本業的稅前營業利益為基礎來思考。

　　我們可用以下的計算公式，求出 EV/EBIT 倍數。

〈EV/EBIT 倍數的計算公式〉

總市值 ÷ 營業利益 ＝ EV/EBIT 倍數

　　將 A 公司目前的營業利益和總市值套進這個計算公式裡，就會算出 450 億日圓 ÷ 15 億日圓 ＝ 三十倍。

　　假如三年後的營業利益會成長到 30 億日圓，且 EV/EBIT 倍數不變的話，那麼總市值就會是 30 億日圓 × 三十倍，也就是 900 億日圓。再用這個數字除以發行股數，就可以算出股價。以 A 公司為例，就是 900 億日圓 ÷ 3,000 萬股，就可算出目標股價是 3,000 日圓。

　　另外，在訂定 EV/EBIT 倍數時，應參考其他同業的數字——就算 A 公司是三十倍，但其他同業只有二十倍左右的話，那麼採取保守策略，用二十倍來計算目標股價，也不失為一個方法。要與同業比較獲利成長率和獲利率等數值的表現，再調整倍數。

　　熟悉這樣的計算之後，我們可以用再更複雜一點的計算方法，以提高數值的準確度。不過一開始，還是先用這種簡單的方法來算算看。試著「自己動手算」這件事很有意義，因為實際動手計算目標股價時，還必須預估業績表現，例如將來的營業利益等。

適合預估業績的產業是「資通訊」、「服務」和「零售」

　　預估業績時有三大重點。

〈預估業績時的三大重點〉

① 要找自己了解的事業（商業模式）

② 要知道產品的銷量和單價，或有可供推知數字的公開資訊（含
　 歷史資料）

③ 最好每月都有公開的數據資料

　　首先，我們必須了解目標企業的商業模式，才能預估它的
業績。因此，我們挑選的企業，經營的要是我們能理解的商業
模式才行——這一點至關重要。十倍股出現機率最高的，是資
通訊、服務和零售這三種產業，而它們也都是散戶比較容易從
消費者、使用者觀點去了解的行業。

　　至於像生技之類的個股，一般人很難了解這些公司的業務
內容，堪稱是散戶難以自行預估業績的典型領域。

　　**我們比較容易預估業績表現的企業，是可得知它們的商
品、服務銷量及單價，或者企業會公布可供推知相關數字的資
訊**。倘若企業向來都會公布這些數字，那麼就只要推算銷量和
單價將來會發展到什麼地步，便很容易預估業績；**如果是每月
公布數據的公司，那麼就只要拿出企業編擬業績預估的前提條
件，和每月的實際績效做比較，還能搶先預估企業每一季的業
績表現。**

適合股市菜鳥、初學者的業績預估方法

實際用來預估業績的方法，主要有三種（請參閱圖 54）。

第一個方法，是「將《公司四季報》的明年度預估再拉長一年」。這個方法，就是直接沿用《公司四季報》上那些今年到明年的成長率數字，來計算企業明年到後年的業績表現。這件事人人都可以做，但由於推算根據較為薄弱，所以準確度較低，甚至可能與市場人士的共識天差地遠。因此，這樣的預估水準，只比沒有好一點。

效果最好的方法，其實是第三種——「自行根據實際績效與 KPI 預估」，不過對菜鳥或初學者而言，部分內容的執行難度較高。因此，這裡我要介紹的是連初學者都能執行的第二種方法——「運用企業的中期計劃，於必要之處做若干修正後，再預估業績」。

中期計劃是由企業自行擬訂，是用一個又一個的數值堆疊而成，一般認為準確度應該有一定程度的水準。此外，法人也會在意企業中期計劃的內容，所以用它來當作業績預估的基礎，可說是一個相當有效的方法。

這裡我要以 CHANGE（3962）為例，介紹預估業績的方法。剛好我在 2020 年初曾編擬過它的業績預估，用來當作投資學院的教材，所以這裡的說詞和描述，都是以當時的原汁原

圖 54　預估業績的三種方法

	方法	難易度 （適用對象）	準確度	市場共識	預估效果
1	將《公司四季報》的明年度預估再拉長一年	低 （菜鳥）	低	低	總比不做好
2	運用企業的中期計劃（或做若干修正)	低 （初學者）	中	高	有效
3	自行根據實際績效與KPI預估	高 （中、高級者）	中	中	非常有效

※ KPI：Key Performance Indicators 的簡稱，即「關鍵績效指標」。

味呈現。由於這個案例後來也已看到結果，因此我認為很值得作為學習上的參考。

2020 年 3 月，CHANGE 公司的股價從武漢肺炎疫情的衝擊下回神大漲，在六個月內就翻漲了超過十倍（圖 55）。

在股價正式進入上升格局之前，CHANGE 公司究竟提出了什麼樣的中期計劃？這裡就讓我們一起來看看。

觀察 CHANGE 公司的事業內容，可得知它主要是為大企業、公協會等團體，提供資訊、數位科技人才培訓服務的企業。此外，它的子公司——TRUSTBANK 公司，則是經營了一個受理故鄉納稅[19] 的網站「故鄉精選」（furusato choice）。

事不宜遲，就讓我們趕快來看看業績表現。圖 56 和圖 58 節錄自 CHANGE 公司在 2019 年 11 月公布的資料，標題是〈2019 年 9 月期 決算說明資料暨中期計劃修正〉。圖中呈現了中期計劃的進度和目標數值的修正狀況。

首先，從圖 56 中可知，營收是呈現一路走揚的趨勢。尤其在 2018 年到 2019 年這段期間，營收更是大幅成長——這主要是受惠於併購的效益，因為當時 CHANGE 收購了經營「故鄉精選」網站的 TRUSTBANK 公司。

於此同時，CHANGE 公司的營業利益也大幅成長，看起

19　日本有「故鄉納稅」制度，鼓勵民眾主動捐款給地方政府，除可享有列舉扣除等稅務優惠之外，地方政府還會提供物超所值的在地特產作為回禮。

圖 55　六個月內就翻漲逾十倍的 CHANGE

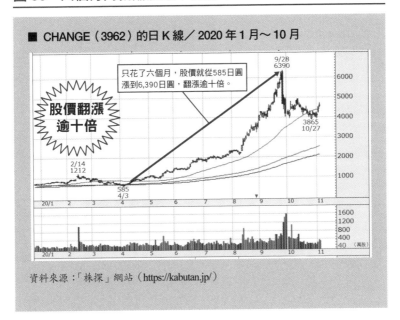

資料來源：「株探」網站（https://kabutan.jp/）

圖 56　2019 年營收突飛猛進

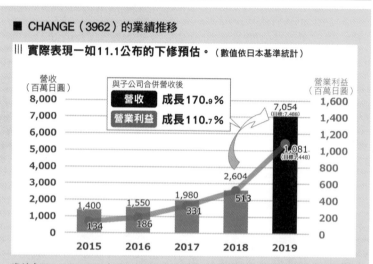

資料來源：CHANGE〈2019 年 9 月期 決算說明資料暨中期計劃修正〉（2019 年 11 月）

來儼然就是一個快速成長的企業。

　　接著，我們再來看看 CHANGE 各類事業的業績表現。只要在摩乃科斯證券開設證券帳戶，就能透過「個股探子」來檢視個股旗下各事業的業績表現（圖 57）。

　　在「營收」這個項目當中，「公共事業」類所指的，就是故鄉納稅網站。該項營收自 2019 年 9 月期財報開始認列，金額約 39 億日圓（A）。資訊（NEW- 資訊轉型）類則占約 27 億日圓（B），投資類則貢獻了約 4.5 億日圓（C）的營收。縱觀整體營收分布，可知其中有一半以上都是來自公共事業類。

　　接著再來看看各類事業的獲利（營業利益）表現。公共事業約 9 億日圓（D），看得出獲利率相當出色（22.7%）；而 NEW- 資訊也有約 8 億日圓（E），堪稱是一棵不錯的搖錢樹──NEW- 資訊的獲利率在營收當中的占比為 28.7%，將近 30%，故可說是獲利率極高的一項事業。

　　儘管在中期計劃上並未提及，但在摩乃科斯證券的「個股探子」平台上檢視 NEW- 資訊類的獲利走勢，會發現營業利益從 2018 年 9 月期的 7.9 億日圓，到 2019 年 9 月期，幾乎還是相同金額的持平表現，不免讓人好奇它是否穩定成長？還是在為日後布局做前期投資？

　　至於投資類的獲利表現，則因為資本利得（處分股票獲利）的波動較大，無法列入未來的業績計劃。

　　至於「調整金額」則是總公司的費用。總計 2019 年 9 月

圖 57 CHANGE 公司各類事業業績

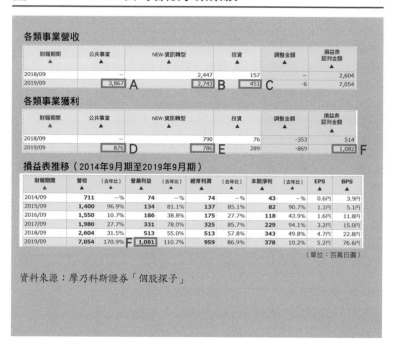

各類事業營收

財報期間	公共事業	NEW-資訊轉型	投資	調整金額	損益表認列金額
2018/09	–	2,447	157	–	2,604
2019/09	3,867 A	2,743 B	451 C	-6	7,054

各類事業獲利

財報期間	公共事業	NEW-資訊轉型	投資	調整金額	損益表認列金額
2018/09	–	790	76	-353	514
2019/09	876 D	786 E	289	-869	1,082 F

損益表推移（2014年9月期至2019年9月期）

財報期間	營收	（去年比）	營業利益	（去年比）	經常利潤	（去年比）	本期淨利	（去年比）	EPS	BPS
2014/09	711	–%	74	–%	74	–%	43	–%	0.6円	3.9円
2015/09	1,400	96.9%	134	81.1%	137	85.1%	82	90.7%	1.1円	5.1円
2016/09	1,550	10.7%	186	38.8%	175	27.7%	118	43.9%	1.6円	11.8円
2017/09	1,980	27.7%	331	78.0%	325	85.7%	229	94.1%	3.2円	15.0円
2018/09	2,604	31.5%	513	55.0%	513	57.8%	343	49.8%	4.7円	22.8円
2019/09	7,054	170.9%	1,081 F	110.7%	959	86.9%	378	10.2%	5.2円	76.6円

（單位：百萬日圓）

資料來源：摩乃科斯證券「個股探子」

期的營業利益（損益表認列金額）為 10.8 億日圓（F）。

再來，我們要檢視一下中期計劃的數值（圖 58）。

2020 年 9 月期的目標是營收約 93.5 億日圓，營業利益則是 13 億日圓；2021 年 9 月期的營收目標是約 146 億日圓，營業利益則是 34 億日圓；到了中期計劃的最後一年，也就是 2022 年 9 月期，則是以約 190 億營收、47 億營業利益為目標。

其實 CHANGE 公司的中期計劃曾一度下修。圖中在數字下方括號內的數字，就是原本的目標值。2019 年 9 月期的營業利益目標值，本來是 14.5 億日圓，後來下修到約 10.8 億日圓。

當時民眾捐給地方政府的故鄉稅爆出回禮過於豐厚，偏離原本故鄉納稅制度設計宗旨的爭議。而 CHANGE 公司因為在發展故鄉納稅制度方面，向來配合政府腳步，便主動從網站上撤下了那些違反制度設計宗旨的地方政府選項，導致使用者轉而投向其他故鄉納稅網站，才下修了業績目標。

後來，主管故鄉納稅業務的總務省訂立了「故鄉納稅指定制度」，明訂「①回禮占比須為捐款的三成以下」、「②回禮須為在地產品」，才讓過度操作的地方政府退出戰局。民眾不僅無法透過「故鄉精選」網站捐款給這些地方政府，其他同業的網站也都一樣。而 CHANGE 的市占率從原本的 50% 上下，一度跌到約 40%，之後才逐漸好轉。

儘管 CHANGE 公司下修了中期計劃，但他們其實是將原先的計劃往後延，改以於 2020 年 9 月期達成為目標。

圖 58 CHANGE 公司的中期計劃目標

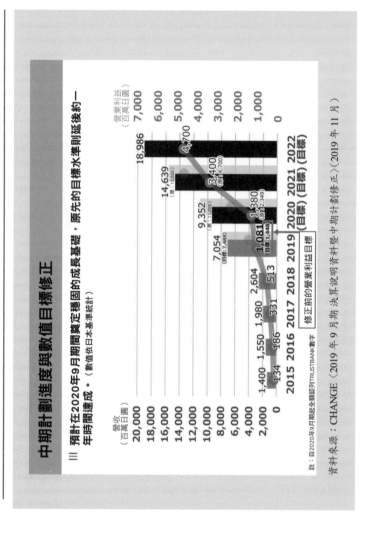

註：自2020年9月期起全額認列TRUSTBANK數字

資料來源：CHANGE〈2019 年 9 月期 決算 說明資料暨中期計劃修正〉（2019 年 11 月）

認清中期計劃達成的機率

至於我們投資人該思考的，則是企業公布的這份中期計劃是否真的可以達成。

圖 59 是 CHANGE 公司在中期計劃中提出的 KPI。該公司有資訊事業（NEW- 資訊）及公共事業（故鄉納稅）這兩大主軸，而在圖上方呈現的是資訊事業。在這項事業當中，所謂的顧客數量是公司家數，至於營收則是「公司家數 × 客單價」。從圖中可以看出，CHANGE 公司有意透過增加員工人數的方式來提高營收。

圖下方則是公共事業。由於 CHANGE 公司經營的是故鄉納稅入口網站，因此 KPI 是成交總金額（納稅金額），而營業額則是依「納稅金額 × 實收率（take rate）」來決定。我們要特別關注的，就是這個項目。

想著手預估業績，需要先知道以下這些資訊：

〈預估業績前的準備〉
①市場規模＝市場大餅有多大？
②市場成長率＝市場大餅的成長狀況如何？
③市占率＝目前取得市占率的原因，以及未來的發展潛力。
④營收類型＝是長約制或買斷制？占比如何？

圖 59 檢視中期計劃達成的機率

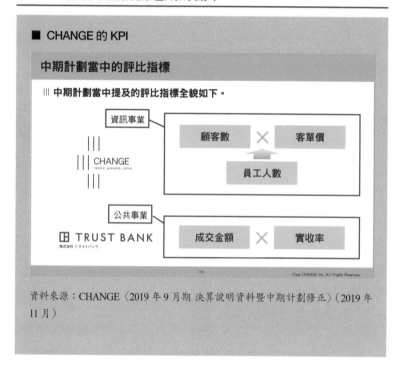

資料來源：CHANGE〈2019 年 9 月期 決算說明資料暨中期計劃修正〉（2019 年 11 月）

在「①市場規模」方面，我們要確認的是「整個市場（營收規模）有多少」；在「②市場成長率」方面，則是要確認市場是否仍在成長，或是已在萎縮。

此外，透過了解「③市占率」，可掌握 CHANGE 公司相較於其他競爭對手的競爭力高下如何，是否占有優勢等。

再者，我們還可以從「④營收類型」的觀點來檢視：如果是屬於長約型，就表示企業有持續性的收入進帳，業績穩定；若是屬於買斷型，則表示營收多為一次性收入，所以「或許業績不太穩定」。

確認市場規模與市場成長率

圖 60 是總務省的「故鄉納稅現況調查結果」（令和元年度實施）數據。我們要用這份資料，來確認故鄉納稅服務的市場規模和成長率。觀察近期的故鄉納稅受贈金額與件數，可知2018 年度（平成 30 年度）的故鄉納稅金額，約有 5,100 億日圓。

如果再看更久之前的金額推移，不難發現：

2014 年（平成 26 年度）＝ 約 400 億日圓

2015 年（平成 27 年度）＝ 約 1,700 億日圓

2016 年（平成 28 年度）＝ 約 2,800 億日圓

2017 年（平成 29 年度）＝ 約 3,700 億日圓

呈現穩定成長的趨勢。

圖 60　故鄉納稅的市場規模與成長潛力

■ **故鄉納稅受贈金額與受贈件數（全國合計）**

○ 故鄉納稅的受贈金額與受贈件數（全國合計）的推移如下。
○ 2018年的實績為5,127億日圓（對去年比：約1.4倍），約2,322萬件（對去年比：約1.34倍）。

	2008年	2009年	2010年	2011年	2012年	2013年
受贈金額	8,139,573	7,697,723	10,217,706	12,162,570	10,410,020	14,563,583
受贈件數	53,671	56,332	79,926	100,861	122,347	427,069

	2014年	2015年	2016年	2017年	2018年
受贈金額	38,852,167	165,291,021（28,674,022）	284,408,875（50,123,497）	365,316,666（70,567,197）	512,706,339（114,069,847）
受贈件數	1,912,922	7,260,093（1,476,697）	12,710,780（2,566,587）	17,301,584（3,760,741）	23,223,826（5,810,421）

（單位：千日圓、件）

※受贈金額與受贈件數，已扣除法人團體捐贈，僅統計符合故鄉納稅之捐贈。
※不含2011年東日本大地震之相關賑災善款。
※自「2015年」至「2018年」的欄位中，括號內的數值為透過「故鄉納稅一站式特例制度」捐款的實績。

資料來源：總務省的「故鄉納稅現況調查結果」（令和元年度實施）

　　2014 年度（平成 26 年度）原本只有約 400 億日圓，到了下一年度，金額竟大幅彈升了四倍。當年剛好是故鄉納稅一站式特例制度上路的時機，民眾不必特別辦理申報手續，就能使用故鄉納稅制度，想必也是推升金額的原因之一。

　　仔細觀察圖表，就會發現故鄉納稅的金額持續大幅成長，使用者人數也一路攀升。這裡要特別留意的，其實是 2018 年度（平成 30 年度）。當時由於部分地方政府偏離故鄉納稅宗旨，濫發亞馬遜禮券，才使得捐款金額大幅攀升。

　　接著，自 2019 年 6 月起，回禮上限三成的規定正式上路。比方說民眾透過故鄉納稅制度捐款 1 萬日圓，回禮金額最多就只能占 30%，也就是以 3,000 日圓為上限。

　　或許有人認為故鄉納稅市場的成長會因此而趨緩，但我認為，既然一般民眾不論如何都要繳納住民稅，想必還是會繼續選擇能收到回禮的故鄉納稅制度。

　　當時我還特地聯絡 CHANG 的投資人關係部門，詢問了這件事，對方的觀點也和我所見略同——儘管政府設下了三成的規定，但如果循一般納稅制度，根本連回禮都拿不到，所以民眾應該還是會繼續使用這一套故鄉納稅制度。

　　這時，我預估受到先前過度回禮問題的反動影響，2019年度透過 CHANGE 公司捐出的故鄉納稅金額，應該會與 2018年度的約 5,100 億日圓持平。

📈 確認市占率

接下來，我想再重新整理一下 CHANGE 公司的優勢。日本貝兒投資研究所（Belle Investment Research）曾公布 CHANGE 公司的分析報告，懂得靈活運用這些資料，更能輕鬆掌握企業的優勢。

根據 CHANGE 公司公布的資料，該公司所經營的「故鄉精選」網站，市占率約 50%，網站上刊登的地方政府總數也超過一千五百處，回禮品項數量更是業界首屈一指。此外，從地方政府的角度來看，CHANGE 所收取的手續費，是業界最低廉的水準。

以往，CHANGE 向地方政府收取的手續費，是故鄉納稅金額的 2%，到 2019 年 10 月才調升為 3%。而根據投資人關係部門當時的說法，CHANGE 公司已拍板自 2020 年 4 月起，要再將手續費調漲到 5%。這是一個非常大的變化，堪稱為巨大轉變。

附帶一提，其他競爭者的手續費率為 9 ～ 12%，相形之下顯得相當高不可攀。

📈 確認營收類型

故鄉納稅服務事業的營收，是依納稅金額多寡收取手續

費，也就是買斷制的營收類型，但 CHANGE 公司有意將它轉為長約型的商業模式。

透過故鄉納稅制度，CHANGE 公司已與超過一千五百個地方政府建立業務合作網絡。據說日本全國共有約一千七百個大大小小的地方政府，CHANGE 公司的業務合作網絡，堪稱是無人能及。所以他們已運用這項優勢，開始布局，未來要讓這些地方政府引進更多數位化服務。

不僅如此，CHANGE 公司還運用最新的資訊技術，打造出了一套搭配顧問諮詢的服務。

有「SIer」之稱的系統整合商，例如 NTT 數據（NTT DATA，9613）、富士通（Fujitsu，6702）和 OBIC（4684）等，都以研發系統見長，但對於顧問諮詢方面，例如要將系統導入到什麼地方，才能讓業務運作更有效率等，似乎顯得相對弱勢。

而只提供顧問諮詢服務的企業，當然在資訊技術上較顯弱勢，因此結合資訊技術與顧問諮詢，同步發展的企業，在市場上其實很罕見——CHANGE 的投資人關係部門曾做過這樣的說明，還表示在培訓數位科技人才方面沒有什麼競爭，是顧客需求很旺盛的一項服務。

我將 CHANGE 公司的優勢重新匯整如下：

〈CHANGE 公司的優勢〉

① 市占率 50% 的故鄉納稅網站「故鄉精選」

- 回禮品項數、刊登的地方政府數量業界第一
- 手續費率業界最低（最低廉的實收率：2020 年 4 月起調漲為 5%）

② 與全國超過一千五百個地方政府建立業務合作網絡

- 為地方政府的數位服務提前布局

③ 結合最新資訊技術與顧問諮詢的服務

- 系統整合商（SIer）在顧問諮詢領域較顯弱勢；顧問諮詢公司則不擅長資訊技術
- 培訓數位科技人才

接下來，**我們就要來想一想：CHANGE 公司所公布的中期計劃，能否直接用來計算目標股價？**我認為實收率（手續費率）的調整，是 CHANGE 公司的巨大轉變。而調整實收率之後，業績會出現什麼樣的變化？就讓我們來思考一下。

我針對以下五大項目，向 CHANGE 公司的投資人關係部門洽詢。

〈向投資人關係部門諮詢的內容〉

① 後續的故鄉納稅金額

② 一年之中，故鄉納稅會集中在哪些時期？（季節性）

③ 日後的廣告宣傳費

④ 固定費

⑤ 地方政府在資訊方面的投資金額

「①」是以中期計劃為前提，想了解公司對於故鄉納稅金額的推移有什麼看法。

如前所述，根據總務省的數據顯示，2018 年度的故鄉納稅金額約為 5,100 億日圓。而 CHANGE 公司對後續業績的看法，則是以「持平」發展為前提。

另外，我也詢問了故鄉納稅在一年之中主要集中於何時。其實以「年」為單位來評估業績表現時，不需要特地注意時期分布；但在檢視最近一年的年度預估，以及每季財報的特色時，它是一項不可或缺的資訊，所以我才特別確認。

CHANGE 公司回覆表示，由於個人的稅額計算期間是每年 1 ～ 12 月，因此越接近年底，趕著透過故鄉納稅捐款的民眾就會變多，而 CHANGE 公司是在 9 月底關帳的企業，使得全年的故鄉納稅總金額會有 40% ～ 45% 集中在第一季（10 ～ 12 月），而剩下的第二到四季，則各有 15% ～ 20%。把這些加總起來，就可預估上半年的金額占 65%，下半年則占 35%。

再者，故鄉精選網站也會做廣告宣傳，光是 2019 年度，就投入了 20 億日圓。我詢問後續是否還有相關規劃，得到的答案是「電視廣告的成本效益偏低，後續不再進行，但公司的政策，是每年仍會投入約 10 億日圓的廣告宣傳費。」

還有，我也考慮過「故鄉精選要花多少營運成本？」「在

中期計劃當中該怎麼評估這個項目？」等問題。就結論而言，後來我決定先試著以每年 24 億日圓來估算。

這些資訊，其實是從決算短信當中推導出來的（圖 61）。先看公共事業類的資訊：2019 年 9 月期的營收實績是 38.7 億日圓（A），獲利則有 8.8 億日圓（B）。因此，可算出這個事業全年的固定費是「38.7 億日圓－8.8 億日圓＝約 30 億日圓」。而變動費則是根據事業內容，研判數字為零。

在這 30 億日圓當中，有 10 億日圓是廣告宣傳費，所以扣除之後，還有 20 億日圓是固定費。這裡有一點必須留意的是：CHANGE 公司是在年度中收購經營「故鄉精選」網站的 TRUSTBANK 公司，所以在 2019 年 9 月期的損益表（P/L）當中，只認列了 TRUSTBANK 公司十個月的數字。

至於廣告宣傳費的 20 億日圓，TRUSTBANK 公司在財報合併前已支出 10 億日圓，而在合併（收購）後——也就是 2018 年 12 月之後又動支了 10 億日圓，所以合併損益表上所呈現的廣告宣傳費是 10 億日圓。於是在決算短信上，就會看到 CHANGE 公司在十個月內就支出了 20 億日圓的固定費。

既然是十個月支出 20 億日圓固定費，那麼換算成 12 個月的話，金額又會是多少呢？我們可以用「20 億日圓 × 12 個月 ÷ 10 個月」，概略估算出是約 24 億日圓。

而在收購 TRUSTBANK 時，當然也要認列商譽。而商譽的攤銷，也包括在這些固定費當中。

圖 61　檢視費用

■ CHANGE 公司（3962）的決算短信（2019 年 9 月期）日本會計準則

	報告類別				調整金額	合併財報認列金額
	NEW-資訊轉型	投資事業	公共事業	小計		
營收						
對外部顧客營收	2,736,485	450,613	3,867,006	7,054,106	—	7,054,106
各類事業類群間之內部交易或沖轉	6,327		—	6,327	△6,327	—
小計	2,742,813	450,613	3,867,006 A	7,060,433	△6,327	7,054,106
類群獲利	786,394	288,831	875,564 B	1,950,790	△868,886	1,081,904

(單位：千日圓)

資料來源：CHANGE〈2019 年 9 月期 決算短信〉

所謂的「商譽」(goodwill)，就是企業在收購時所付出的收購金額，和被收購企業淨資產之間的差額。比方說，如果我們花 120 億日圓，收購了一家淨資產 100 億日圓的企業，那麼商譽就是 20 億日圓——因為收購方企業認為「雖然淨資產算起來只有 100 億日圓，但這家企業有 120 億日圓的價值」，才會出面收購。**這 20 億日圓的商譽，也可以說是收購方企業評估收購企業在品牌力、技術力、有無大量優質顧客等「看不見的價值」方面之後，所提出的金額。**

日本的會計準則認為「商譽會隨著時間過去而減少」，所以在收購企業之後，必須用一段時間來攤銷商譽。這段時間最長可以是二十年，印象中一般多為五～十五年，而 CHANGE 公司則是設定以十年時間平均攤銷。

儘管投資人關係部門表示未來會針對地方政府加強資訊方面的投資（「為地方政府提供數位化服務」方面的投資），但並沒有說明金額多寡。然而，如果在不考慮這項因素的情況下試算損益表，獲利金額會太高，所以我憑感覺，粗略地設定投資金額為「每年 20 億日圓」（最後一年 10 億日圓）。

根據 TRUSTBANK 在 2019 年 12 月 23 日公布的新聞稿，該公司提供日本全國第一套地方政府專用通訊工具的「LoGo Chat」，可於安全行政專線網路「綜合行政網路」（LGWAN）上讓地方政府機關相互通訊。系統上線約三個月，已有逾五十個地方政府試辦引進。

　　儘管當時是讓地方政府免費試用一年，但如果地方政府反應良好，認為「用起來很順手」的話，將來 TRUSTBANK 打算改為收費使用。況且雖說是先試用，一旦職員熟悉操作之後，就會拉高改用其他通訊工具的門檻——其實就是拉高轉換成本的策略。

　　這項業務在 2022 年 3 月，也就是中期計劃的最後一年時，目標是要達到 15 萬授權，預估獲利將達到約 5 億日圓。

　　至於「故鄉精選」網站的實收率，過去和競爭者之間並沒有太嚴重的削價競爭問題。於是我以「後續也不會有削價競爭問題，競爭力一如既往」為前提，來看看它的中期計劃。

用市占率 50% 和 40% 來評定中期計劃準確與否

　　在市占率方面，儘管 CHANGE 公司表示會維持在約 50% 的水準，但由於第一時間就下架了那些偏離故鄉納稅制度宗旨的地方政府，使得「故鄉精選」網站的市占率曾一度跌破 40%，後來才又重新站回 50%。所以我們採取保守策略，另外再預估一個市占率 40% 的版本。

　　最後再分析手續費率。2020 年 3 月前 3%，2020 年 4 月起調漲到 5% 已是既定方向。從地方政府的角度來看，儘管不樂見手續費調漲，但其他競爭同業手續費收取 9 ～ 12%，費率相

當高，因此就算 CHANGE 公司調漲到 5%，地方政府應該還是
會願意接受。

再者，由於 CHANGE 公司和地方政府之間的客情關係與
業務網絡相當穩固，因此他們打算用調漲手續費所賺得的資金
當財源，為地方政府的數位化服務貢獻心力。其實日本各地方
政府的資訊預算約有 6,300 億日圓，主要掌握在富士通（6702）
和 NEC（6701）等大企業手裡。不過，CHANGE 公司表示，
只要導入他們的資訊技術，就可以將這筆預算壓到 3,000 億日
圓，也就是原本的一半左右。CHANGE 公司很希望能協助各
地方政府，讓他們能把省下來的 3,000 億日圓花在其他用途
上──CHANGE 公司懷抱著這樣的想法，並以「手續費率調
漲後多出來的部分，會用於提供給地方政府的資訊服務上」等
說詞，贏得了地方政府的認同。還真是會講話呀！

用市占率 50% 的個人預估，和企業的預估做比較

我先以市占率 50% 的情況進行個人預估，再和企業的業
績預估做比較。圖 62 在第 222 頁的部分是我針對 2020 年 9 月
期的預估，第 223 頁左邊是 2021 年 9 月期的預估，右邊則是
2022 年 9 月期的預估。

圖表的上半部分是公共事業，主要的營業項目是故鄉納稅

網站。

　　中間則是投資事業，下方是 NEW- 資訊事業。再下方的調整金額是總公司費用，最下方則是公司整體的加總。

　　由於手續費率有變，所以我試著將 2020 年 9 月期的公共事業分成上期和下期。如前所述，網站的成交金額、納稅金額會有大、小月之分，就趨勢而言主要集中在 10 ～ 12 月，所以我分配上期（10 ～ 3 月）的占比為 65%（A），下期（4 ～ 9 月）則為 35%（B）。

　　故鄉納稅制度在 2018 年度已有 5,100 億日圓的納稅規模，但在我的預估當中，設定的是 5,000 億日圓，也就是呈現持平的狀態，這是沿用中期計劃的數字。

　　用這個 5,000 億日圓來乘上 65% 和 35%，就算出上半年是 3,250 億日圓，下半年是 1,750 億日圓。而以市占率 50% 來計算 CHANGE 公司的成交金額，可估算出上半年是 1,625 億日圓（C），下半年是 875 億日圓（D）。

　　CHANGE 公司上半年收的手續費率是 3%，所以手續費收入是「1,625 億日圓 × 3% ＝ 49 億日圓」；下半年度的手續費率調漲到 5%，所以有「875 億日圓 × 5% ＝ 44 億日圓」進帳。這樣試算下來，全年的手續費收入就會是 93 億日圓（E）。

　　如前所述，CHANGE 公司的固定費是一年 24 億日圓，上半年和下半年的支出則簡單用總額除以二來估算。還有，在不投放電視廣告之後，CHANGE 公司的廣告宣傳費就變成了一

年 10 億日圓，因此我也將它均分在上、下半年。

此外，CHANGE 公司還有以地方政府為對象的資訊服務。如前所述，這個部分我粗略估算，每年會有 20 億日圓的投資（費用）。

於是上半年在公共事業方面的事業類群獲利，就是用上半年的手續費收入 49 億日圓，減去固定費 12 億日圓，再扣除廣告宣傳費 5 億日圓，以及投資地方政府資訊服務領域的 10 億日圓後，所剩下的 22 億日圓。

同樣的，下半年的事業類群獲利為 17 億日圓，故可算出全年獲利總金額為 39 億日圓（F）。

不過，企業自己提出的計劃是 16 億日圓。推測是 CHANGE 公司的預估太保守，否則就是「50%」的市占率太樂觀。附帶一提，公共事業前一年度的獲利實績是約 9 億日圓。

另外，CHANGE 公司還有投資事業。他們投資了未上市公司，期能從中賺取資本利得，但在中期經營計劃當中，這個項目的金額是「0」，所以我也跟著掛「0」。附帶一提，CHANGE 前一年的投資獲利金額是 3 億日圓。

在「NEW- 資訊」事業，也就是協助導入資訊系統的部分，今年度 CHANGE 公司提出的計劃金額是 9 億日圓，而前一年度的實績是約 8 億日圓，因此我也沿用了他們的數字。

最後是調整金額。總公司費用只要扣除其他開銷，就可以算得出來。在 CHANGE 公司的計劃當中，營業利益是 13 億日

圓。至於投資事業、NEW- 資訊的事業類群獲利，只要向公司洽詢就會有答案。用營業利益扣除上述這些項目後，我估算總公司費用約為 12 億日圓。

　　結果，在營業利益方面，CHANGE 公司的計劃是 13 億日圓（G），而我的個人估算則是 36 億日圓（H），兩者落差很大。

　　接著，我再用同樣的前提預估 2021 年 9 月期的業績：故鄉納稅的納稅規模採用較保守的 5,000 億日圓，市占率以 50% 來計算的話，那麼 CHANGE 公司的成交金額就是 2,500 億日圓，而手續費率仍是 5%，所以手續費收入為 125 億日圓，較前一年增加許多。

　　假如固定費、廣告宣傳費和地方政府資訊事業的投資預算，都和前一年維持相同水準，那麼扣除上述這些項目，就可算出公共事業類群的獲利為 71 億日圓（I），可說是突飛猛進。

　　這樣計算下來，就知道「調漲手續費率」對 CHANGE 公司的意義有多麼重要。至於投資事業則依企業的中期計劃預估，設定為「0」；而 NEW- 資訊事業的獲利，投資人關係部門不願透露，我採取保守預估，放了「9 億日圓」的數字，就和 CHANGE 公司針對前一年度所提出的計劃一樣。

　　此外，CHANGE 公司應該還會再強化總公司的功能，所以我用前一年度的總公司費用再加 3 億日圓來估算。這個數字並沒有明確的根據，真的就只是我個人憑感覺粗略估算而來。

　　綜合計算之後，我個人預估 2021 年 9 月期的營業利益是

圖62 試著預估業績

■市占率50%-①

2020年9月期

公共事業	上半年 10-3月	下半年 4-9月	合計
成交金額占比	A 65%	B 35%	100%
納稅規模（億日圓）	3,250	1,750	5,000
CHANGE公司占比	50%	50%	50%
CHANGE公司成交金額（億日圓）	C 1,625	D 875	2,500
實收率	3%	5%	
手續費收入（億日圓）	49	44	E 93
一固定費（億日圓）	12	12	24
一廣告宣傳費（億日圓）	5	5	10
一地方政府資訊投資（億日圓）	10	10	20
事業類群獲利（億日圓）	22	17	F 39
事業類群獲利（億日圓）		公司計劃	16
		前年度實績	9

投資事業		
事業類群獲利（億日圓）	公司計劃	0
	前年度實績	3

NEW-資訊		
事業類群獲利（億日圓）	公司計劃	9
	前年度實績	8

調整金額（總公司費用）		
事業類群獲利（億日圓）	公司計劃	-12
	前年度實績	-9

公司總計		
營業利益（億日圓）	公司計劃	G 13
	前年度實績	11
營業利益（億日圓）	個人預估	H 36

■市占率50%-②

2021年 9 月期

公共事業	合計
成交金額占比	100%
納稅規模（億日圓）	5,000
CHANGE公司占比	50%
CHANGE公司成交金額（億日圓）	2,500
實收率	5%
手續費收入（億日圓）	125
一固定費（億日圓）	24
一廣告宣傳費（億日圓）	10
一地方政府資訊投資（億日圓）	20
事業類群獲利（億日圓） I	71

投資事業	
事業類群獲利（億日圓）	0

NEW-資訊	
事業類群獲利（億日圓）	9

調整金額（總公司費用）	
事業類群獲利（億日圓）	−15

公司總計營業利益（億日圓）	
中期計劃（億日圓） J	34
個人預估（億日圓） K	65

2022年 9 月期

公共事業	合計
成交金額占比	100%
納稅規模（億日圓）	5,000
CHANGE公司占比	50%
CHANGE公司成交金額（億日圓）	2,500
實收率	5%
手續費收入（億日圓）	125
一固定費（億日圓）	24
一廣告宣傳費（億日圓）	10
一地方政府資訊投資（億日圓） L	10
事業類群獲利（億日圓） M	81

投資事業	
事業類群獲利（億日圓）	0

NEW-資訊	
事業類群獲利（億日圓）	15

調整金額（總公司費用）	
事業類群獲利（億日圓）	−18

公司總計營業利益（億日圓）	
中期計劃（億日圓） N	47
個人預估（億日圓） O	78

65 億日圓（K），CHANGE 公司的中期計劃上則是預估 34 億日圓（J）——這兩者也很分歧。

2022 年 9 月期的業績預估方式，大致也和前面一樣，改變的只有在「地方政府資訊服務」方面的投資金額。前面每年都投入 20 億日圓，在中期計劃的最後一年，我覺得可以降低一點，投入以往的一半，也就是 10 億日圓左右（L）即可。

結果我估算公共事業類群的獲利為 81 億日圓（M），而投資事業的獲利則為「0」。至於 NEW- 資訊事業，到前一年為止都還預估它會持平，但我心想它差不多到了該有表現的時候，便預估它將貢獻 15 億日圓的獲利。而總公司費用也持續加碼 3 億日圓，提高到 18 億日圓的水準。

結果我個人預估的營業利益是 78 億日圓（O），而 CHANGE 公司的中期計劃只有 47 億日圓（N）。在市占率 50% 的前提下，我預估的營業利益，連三年都比企業的中期計劃高出許多。為求保險起見，我又試著用保守的「市占率 40%」為前提，預估了另一個版本。

用市占率 40% 的個人預估，和企業的預估做比較

接下來是用市占率 40% 為前提，極為保守的個人預估（圖 63）。這裡的納稅規模不變，只試著將 CHANGE 公司的市占率

調整為 40%。在固定費等其他前提條件完全相同的前提下，2020 年 9 月期的公共事業類群獲利為 20 億日圓（A），已相當趨近公司中期計劃上的 16 億日圓。

　　不過，CHANGE 公司推估自家市占率「近期應已收復 50%」，所以他們的預估，恐怕是相當保守的數字。

　　接著再看看營業利益。我的個人預估是 17 億日圓（C），CHANGE 公司的中期計劃則是 13 億日圓（B），兩者也是很相近的數字。

　　至於 2021 年 9 月期的數字，同樣以市占率 40% 為前提，全年實收率皆為 5% 時，公共事業的事業類群獲利則為 46 億日圓（D）。

　　我再用同樣前提預估其他事業的營業利益，而總公司費用的前提，則設定與市占率 50% 時相同。如此一來，我個人預估 CHANGE 公司 2021 年 9 月期全年的營業利益會是 40 億日圓（F），數字與企業中期計劃上的 34 億日圓（E）相近。

　　2022 年 9 月期的情況也是一樣。除了市占率調整為 40% 以外，其他所有前提條件都相同時，我預估公共事業類群的營業利益，將達到 56 億日圓（G）。

　　投資事業、NEW- 資訊和總公司經費，都和市占率 50% 的時候一樣。結果我個人預估的營業利益是 53 億日圓（I），而在 CHANGE 公司公布的中期經營計劃，則是 47 億日圓（H）。

　　像這樣拿幾個數字來加加減減，看起來就像是在玩遊戲。

圖63 試著預估業績

■市占率40%-①

2020年9月期

公共事業	上半年	下半年	
	10-3月	4-9月	合計
成交金額占比	65%	35%	100%
納稅規模（億日圓）	3,250	1,750	5,000
CHANGE公司占比	40%	40%	40%
CHANGE公司成交額（億日圓）	1,300	700	2,000
實收率	3%	5%	
手續費收入（億日圓）	39	35	74
一固定費（億日圓）	12	12	24
一廣告宣傳費（億日圓）	5	5	10
一地方政府資訊投資（億日圓）	10	10	20
事業類群獲利（億日圓）	12	8	A 20
事業類群獲利（億日圓）		公司計劃	16
		前年度實績	9

投資事業		
事業類群獲利（億日圓）	公司計劃	0
	前年度實績	3

NEW-資訊		
事業類群獲利（億日圓）	公司計劃	9
	前年度實績	8

調整金額（總公司費用）		
事業類群獲利（億日圓）	公司計劃	−12
	前年度實績	−9

公司總計		
營業利益（億日圓）	公司計劃	B 13
	前年度實績	11
營業利益（億日圓）	個人預估	C 17

■市占率40%-②

2021年9月期

公共事業	合計
成交金額占比	100%
納稅規模（億日圓）	5,000
CHANGE公司占比	40%
CHANGE公司成交金額（億日圓）	2,000
實收率	5%
手續費收入（億日圓）	100
一固定費（億日圓）	24
一廣告宣傳費（億日圓）	10
一地方政府資訊投資（億日圓）	20
事業類群獲利（億日圓） D	46

投資事業	
事業類群獲利（億日圓）	0

NEW-資訊	
事業類群獲利（億日圓）	9

調整金額（總公司費用）	
事業類群獲利（億日圓）	−15

公司總計營業利益（億日圓）	
中期計劃（億日圓） E	34
個人預估（億日圓） F	40

2022年9月期

公共事業	合計
成交金額占比	100%
納稅規模（億日圓）	5,000
CHANGE公司占比	40%
CHANGE公司成交金額（億日圓）	2,000
實收率	5%
手續費收入（億日圓）	100
一固定費（億日圓）	24
一廣告宣傳費（億日圓）	10
一地方政府資訊投資（億日圓）	10
事業類群獲利（億日圓） G	56

投資事業	
事業類群獲利（億日圓）	0

NEW-資訊	
事業類群獲利（億日圓）	15

調整金額（總公司費用）	
事業類群獲利（億日圓）	−18

公司總計營業利益（億日圓）	
中期計劃（億日圓） H	47
個人預估（億日圓） I	53

不過，剛開始只要這樣就好。

　　調查公司的背景、事業，盡可能多詢問投資人關係部門，並試著將這些資訊反映在個人預估上。尤其像是在這次的個人預估當中，掌握「實收率 5%」會對 CHANGE 公司造成多大的影響，堪稱是一大關鍵。

　　而根據自行預估的結果，我對企業所提出的中期計劃更有把握，確定即使是在保守版本的情況下，計劃數值仍可以順利達成。

務必確認事業等方面的風險

　　透過有價證券報告書來確認事業等方面的風險，也是不可或缺的一項作業。在線上版本的有價證券報告書檔案中，按下「Ctrl+F」，叫出搜尋視窗，再輸入「風險」，就能跳到說明事業等風險的頁面。

　　以 CHANGE 這家公司為例，特別值得留意的，就是 TRUSTBANK 所經營的故鄉納稅服務。

　　故鄉納稅制度有制度上的風險，在有價證券報告書上列為「政府管制」項目。一旦政府廢止故鄉納稅制度，或是制度出現重大變更時，該事業當然會受到極大的影響，而這就是 CHANGE 公司最大的風險。

　　不過，這項由 CHANGE 公司與政府共同擬訂的政策，當

年是由菅義偉官房長官 [20] 大力推動，考量到過去這項政策的發
展背景，以及它對地方政府的影響之大，很難想像它會說廢止
就廢止。儘管無法全然忽略政府廢止這項政策的任何可能，但
機率恐怕相當低。總之，至少在這份中期計劃執行的這三年期
間，可研判應該沒問題。

評估企業的中期計劃

接著，我要根據上述內容，來評估企業的中期計劃。主要
有三大重點：

〈中期計劃評估重點〉
① 在最新的三年計劃當中，「故鄉精選」的實收率已調漲為 5%。
　在確保網站競爭力的前提下，計劃數值可望達成。
② 在「故鄉精選」的獲利能力攀升之際，為「地方政府數位服務」
　深耕布局，期能在中期計劃的最後一年正式啟動。
③ 投資事業、併購行動尚未包含在計劃當中，是有望再錦上添花
　的利多因素。

「故鄉精選」網站的實收率調升為 5%，回禮也達二十萬件

20　約相當於我國的總統府秘書長。

以上，數量之多，已與其他網站處於截然不同的等級，故可維持相當程度的競爭力。在這樣的前提條件之下，CHANGE 公司的中期計劃（三年計劃）應可順利達成。

故鄉納稅網站的服務手續費率上調，使得「故鄉精選」網站的獲利能力突飛猛進。CHANGE 公司趁著這段期間布局「LoGo Chat」等地方政府數位化服務，看得出是要力拚「在中期計劃最後一年正式開始挹注獲利」的發展方向。

還有，在 CHANGE 的中期計劃上，投資事業毫無規劃，數字掛零。CHANGE 看起來是一家非常積極進取的公司，想必會繼續透過併購來提升企業的成長動能。不過，由於這個項目尚未列入中期計劃的預估數值，相信未來應該會成為一項利多因素。

經過上述這一番驗證過後，可知 CHANGE 公司在將實收率從 3% 調漲為 5% 後，應可望達成中期計劃所擬訂的目標。

附帶一提，這次我針對 2020 年 9 月期營業利益所做的個人預估是 36 億日圓（市占率 50% 的版本），實績是 42 億日圓（CHANGE 公司的計劃則是 13 億日圓）；個人預估 2021 年 9 月期的營業利益是 65 億日圓，而實績則是 59 億日圓（企業的計劃金額則是 34 億日圓）。就結果來看，這兩個預估數值，準確度都可以說是不差。儘管它們都只是相當概略的個人預估，但能提早察覺將來獲利會遠高於企業計劃數值，就已經可以說

是一件很有意義的事。

推算目標股價

要推算出目標股價，除了參考 CHANGE 公司在中期計劃最後一年（三年後）所訂出的 47 億日圓營業利益目標之外，還要考慮我個人預估的 78 億日圓版本——既然是要預估企業三年後的樣貌，那就擬訂多套劇本，計算出每一套劇本的目標股價，或算出一個目標股價範圍也無妨。

若由於應付利息、依權益法認列之投資損益、非常損益、所得稅影響數、少數股權等因素，而發生高額利益或虧損時，就需要另做調整——因為營業利益並沒有反映這些項目。調整時，請務必提醒自己：盡可能排除那些臨時的、突發的損益，用接近企業實力值的數字來推算。

以 CHANGE 公司為例，在公共事業方面的權益，也就是轉投資 TRUSTBANK 的持股，約占 70%。我個人預估三年後 CHANGE 公司的營業利益將達到 78 億，這當中必須扣除公共事業的少數股權占比才行。公共事業類群的營業利益為 81 億日圓，其中的 30% 會外流他處，所以要從 78 億日圓當中，扣除「81 億日圓 × 30% ＝ 約 24 億日圓」，實質營業利益將會是 54 億日圓。接著再拿這個數字和其他同業的 EV/EBIT 倍數相比，推算目標股價。

　　在這個案例當中，所謂的同業，指的是經營故鄉納稅網站的公司，或是提供資訊業務效率改善輔導等服務的企業。我們可以參考《公司四季報》上出現的同業，如果還是不清楚，不妨直接向投資人關係部門詢問「哪一家上市公司是貴公司的競爭對手？」

　　至於這裡要使用的 EV/EBIT 倍數，是比較 CHANGE 公司和其他同業的營收、獲利成長率、營業利益率、業績穩定性、財務風險、股票的流動性風險，以及事業結構等項目，多方斟酌之後才定案。就某種層面而言，它是一種專業功力。接著，我們就要拿自己算出來的目標股價，對照後續的股價走勢與最新出爐的財報，比對一下答案。在這個對照的過程當中，我們就會發現自己忽略的一些風險，或是考量未盡周全的因素。**我們要透過反覆操作這一連串的流程來累積經驗值，逐步提升自己推算目標股價的熟練度與準確度。**

結語

　　感謝您耐心閱讀到最後。這本書是我的第三本著作，內容是前所未有的「硬斗」。尤其是最後談業績預估和目標股價的段落，就連正牌的證券分析師都會覺得困難。有些部分很難只在書中讀過一次就完全理解，還有些元素要在實際操作的過程中才能學得會。

　　因此，**我想提供兩部談業績預估和目標股價的影片給各位讀者**，作為本書的補充教材。請進入本書最後所附上的介紹頁面網址，回答一份簡單的問卷之後，即可申請索取（P237）。我想這兩部影片，除了能為您復習本書的內容之外，還能更深化您在目標股價計算方面的相關知識。

　　在本書中登場的三位「新科億級大戶」，當初都和您一樣，**是從完全沒有投資相關知識的程度開始起步**。不過，他們都在我主理的投資學院，很有效率地學會了投資知識，並持續和股友同好彼此切磋、砥礪，更透過實際操作，讓自己的投資實力突飛猛進──換句話說，您眼前也有著同樣的機會。

　　其實我也不例外。我自十九年前開始投資股票，此舉成功地翻轉了我的人生，我由衷感激。後來，我一心只想做一些有益社會的事，便推出了我的第一本著作。我想應該會有很多讀者因為這本書，而抓住翻轉人生的契機，後來實際上也的確是

如此。這次接下角川邀約，撰寫新書之際，我也懷抱著相同的心願。

　　有正職工作、生活忙碌的業餘投資人，要想成功征服股海，關鍵在於如何有效率地運用時間，用心學習，並且落實執行。我個人也當了超過十年的業餘投資人，才累積出上億身家，所以更能切身感受，「時間效率」才是在股市中獲利破億的關鍵。

　　我認為在本書當中，已針對高效投資法的根本內容做了完整的介紹。剩下的，就看您如何力行實踐，並推動自己的成長循環。其實「投資股票」本來就像尋寶，是一件有意思的事。**要是能有志同道合，可以互相切磋砥礪的股友同好，就會覺得更有意思，成長得更快。**如此一來，您就會願意主動學習，凝聚集體智慧的力量，進而產生正向循環。如果再有具備投資實績的引路人或導師帶領，那麼要步上通往成功的階梯，對您而言絕非難事。

　　現在的我，就是秉持著「將以往承蒙各方關照的恩情，回饋給下一代」的念頭，從事各項活動。而撰寫本書，也是這些活動的一環。我主理的投資學院，也是真心為了想催生出一百位「新科億級大戶」而經營。我提供各式各樣的數據資料與獨家工具等強大的武器作為後盾，好讓散戶能在滿是專家的戰場上衝鋒陷陣。這樣老王賣瓜實在是很不好意思，但我很自豪，因為我們備有一流的學習環境，是「全日本最好的投資學院」。

我也敢斬釘截鐵地說：我們已備妥所有需要的元素，能幫助有心學習如何投資股票的學員成為「新科億級大戶」。

有史可鑑，在所謂的「股市行情」當中，總會不斷地出現高峰和低谷，是一片波濤和暗潮洶湧，充滿驚濤駭浪的汪洋。若本書能成為您在長途航行過程中的羅盤，那將是我身為作者至高無上的喜悅。祈祝同在股海中的您成功獲利。

最後要衷心感謝角川的辻森先生，以及文字工作者向山先生，讓我有機會出版本書。還要感謝負責投資學院營運業務的小島行政主任，負責系統開發的駄犬先生。要是沒有這兩位的大力協助，投資學院就無法發展成如此完善的學習場域。

開發相對強弱指標（Relative Strength Index，簡稱 RSI）工具的第三屆學員 Su3，提供分析工具「線圖清單」（ChartList）的 elefolo，多虧有這兩位，全日本獨一無二的歐尼爾式投資工具才得以完成，真的很感謝你們。

謹在此感謝在第一章當中大方接受採訪的御多福女士、田中義人先生、約翰先生。也恭喜你們資產破億！

我也要藉這個機會，向願意協助股市菜鳥的各位導師、主動召集讀書會和趣味活動的學員、為提升投資學院整體實力而貢獻心力的億級大戶，還有透過各種形式支持我的各位學員致謝。多虧各位的幫忙，才得以打造出這個「全日本最好的投資學院」。未來我也會和各位一起持續努力，不斷學習精進。

投資股票令人熱血沸騰，是全世界最棒的實境遊戲。就讓

我們好好享受這一趟刺激的航海之旅吧！

2022 年 11 月

DUKE

補充影片索取網址（日文，讀者專用）

https://investorduke.com/book.php/

※ 以上這項影片索取活動，為 2022 年 12 月時之資訊，得不經預告隨時終止。此外，本項活動之贈品提供、活動營運，皆屬作者個人行為，概與出版社及書店無關，敬請見諒。

本書原文版作者版稅將全額捐出，作為改善兒童貧困、教育落差問題之用。

- 本人謹贊助「讓每個孩子都有機會 讓每個孩子都有夢想」的公益社團法人「給孩子機會」（Chance for Children）之相關活動。

作者簡介

DUKE。

技術基本派成長股投資人。

慶應大學畢業後，進入東證一部上市公司服務，隸屬管理會計部門，處理獲利分析、資產負債表分析、業績預估和中期經營計劃、稅務規劃等業務近二十年，亦曾統籌負責董事會的每月獲利分析報告，故對包括投資人關係在內的上市公司的經營實務知之甚詳，也是美國華盛頓州會計師

他自 2003 年起正式進場投資股票，2005 年便嘗到了新興市場泡沫的紅利。此後儘管多次歷經慘賠的重大挫敗，仍安然度過活力門事件和雷曼風暴。2014 年，在股市的累計獲利突破 1 億日圓；2015 年，個人總資產突破 2 億日圓；2016 年，年收入突破億圓大關，遂轉為專業投資人。目前已是超級富豪，2022 年也靠著股票賺進了上億年收入（截至 10 月底）。

DUKE 有著強烈的好奇心，喜歡旅遊、嘗鮮和有意思的事。近年積極投身社會公益活動，為公益社團法人「給孩子機會」之贊助會員，並主理「創新高投資學院」，培養新生代投資大師。

著有《一勝四敗也能穩賺的創新高投資術》（東洋經濟新報社）、《別錯過！抓住快速發達個股：創新高成長股投資法——

學習如何遇見十倍股》（合著，Pan Rolling）等書。目前有許多
公開活動，包括日經 MONEY 等媒體曝光，以及日本經濟新聞
社主辦的日經 W 學院、摩乃科斯證券主辦的講座等。

推特：@investorduke
部落格：DUKE 的衝浪投資
　　　http://investorduke.blog.fc2.com/

新商業周刊叢書 BW0842

創新高投資法

一天 10 分鐘，
學會億級大戶選股、進場、出場的不敗法則

國家圖書館出版品預行編目 (CIP) 資料

創新高投資法：一天 10 分鐘，學會億級大戶選股、進場、出場的不敗法則 /DUKE。著；張嘉芬譯. -- 初版. -- 臺北市：商周出版：英屬蓋曼群島商家庭傳媒股份有限公司城邦分公司發行，2024.01
面； 公分. -- (新商業周刊叢書；BW0842)
譯自：忙しい人でも 1 日 10 分から始められる 3 年で 3 人の「シン億り人」を誕生させたガチ投資術
ISBN 978-626-318-954-6((平裝)

1.CST: 股票投資 2.CST: 投資技術 3.CST: 投資分析
563.53   112019513

原 文 書 名／忙しい人でも 1 日 10 分から始められる 3 年で 3 人の「シン億り人」を誕生させたガチ投資術
作　　　者／DUKE。
譯　　　者／張嘉芬
編 輯 協 力／張語寧
責 任 編 輯／鄭凱達
企 畫 選 書／鄭凱達
版　　　權／吳亭儀
行 銷 業 務／周佑潔、林秀津、賴正祐、吳藝佳

線上版讀者回函卡

總 編 輯／陳美靜
總 經 理／彭之琬
事業群總經理／黃淑貞
發 行 人／何飛鵬
法 律 顧 問／台英國際商務法律事務所 羅明通律師
出　　 版／商周出版
　　　　　　臺北市 104 民生東路二段 141 號 9 樓
　　　　　　電話：(02) 2500-7008　傳真：(02) 2500-7759
　　　　　　E-mail: bwp.service @ cite.com.tw
發　　 行／英屬蓋曼群島商家庭傳媒股份有限公司　城邦分公司
　　　　　　臺北市 104 民生東路二段 141 號 2 樓
　　　　　　讀者服務專線：0800-020-299　24 小時傳真服務：(02) 2517-0999
　　　　　　讀者服務信箱 E-mail: cs@cite.com.tw
　　　　　　劃撥帳號：19833503　戶名：英屬蓋曼群島商家庭傳媒股份有限公司城邦分公司
訂 購 服 務／書虫股份有限公司客服專線：(02) 2500-7718；2500-7719
　　　　　　服務時間：週一至週五上午 09:30-12:00；下午 13:30-17:00
　　　　　　24 小時傳真專線：(02) 2500-1990；2500-1991
　　　　　　劃撥帳號：19863813　戶名：書虫股份有限公司
　　　　　　E-mail: service@readingclub.com.tw
香港發行所／城邦 (香港) 出版集團有限公司
　　　　　　香港九龍土瓜灣土瓜灣道 86 號順聯工業大廈 6 樓 A 室
　　　　　　E-mail: hkcite@biznetvigator.com
　　　　　　電話：(852) 25086231　傳真：(852) 25789337
馬新發行所／城邦 (馬新) 出版集團 Cite (M) Sdn. Bhd.
　　　　　　41, Jalan Radin Anum, Bandar Baru Sri Petaling, 57000 Kuala Lumpur, Malaysia.
　　　　　　電話：(603) 9056-3833　傳真：(603) 9057-6622　E-mail: services@cite.my

封 面 設 計／萬勝安　　　內頁設計排版／薛美惠
印　　　刷／鴻霖印刷傳媒股份有限公司
經 銷 商／聯合發行股份有限公司 電話：(02) 2917-8022　傳真：(02) 2911-0053
　　　　　　地址：新北市新店區寶橋路 235 巷 6 弄 6 號 2 樓

■ 2024 年 1 月 25 日初版 1 刷
■ 2024 年 3 月 6 日初版 2.2 刷

Printed in Taiwan

定價 400 元（紙本）/ 280 元（EPUB） 版權所有，翻印必究
ISBN: 978-626-318-954-6（紙本）/ 978-626-318-952-2（EPUB）

城邦讀書花園
www.cite.com.tw